Mosaik

»Das ganze Universum hat nur ein Ziel, die Gesundheit des Menschen zu erhalten. In allen Geschöpfen, den Tieren, den Vögeln, den Fischen, den Kräutern und den Fruchtbäumen liegen geheimnisvolle Heilkräfte verborgen, die kein Mensch wissen kann, wenn sie ihm nicht von Gott, dem Schöpfer selbst geoffenbart werden.«

Hildegard von Bingen

Dr. med. Elke Haase-Hauptmann

Die Gesundheitsküche der Hildegard von Bingen

Ausgewogene und schmackhafte Ernährung für inneres Gleichgewicht und Wohlbefinden

Mosaik Verlag

INHALT

»Die Ziege, wenn sie stark ist, kann bis zum August gegessen werden.«

»Ißt ein Mensch im Sommer, wenn er innerlich sehr warm ist, sehr kalte Speisen, löst er leicht die Gicht in sich aus.«

VORWORT

Alles, was der Mensch ißt und trinkt, stärkt oder schwächt den Körper, erquickt oder belastet die Seele und befreit oder beschwert den Geist. Aber wie können wir wissen, welche Ernährung für unsere Vitalität die beste ist? Bei der Vielzahl an Nahrungsangebot und vor allem an modernen Ernährungsrichtlinien verliert man allzuoft den Überblick. Hildegard von Bingen kann und möchte uns dabei mit ihrem Wissen um die Heilkraft der Lebensmittel helfen, einen Speiseplan zusammenzustellen, der für jeden einzelnen von uns in optimaler Weise Körper, Seele und Geist gesund erhält. Gerade in der heutigen Zeit ist es aus ganzheitlicher und medizinischer Sicht von größter Bedeutung, die richtigen Mittel zum Leben auszuwählen und sie liebevoll zuzubereiten. Hildegard-Ernährung bedeutet zum einen Verantwortung für die Familiengesundheit schon während des Kochens zu übernehmen, zum anderen die Möglichkeit ernährungsbedingten Krankheiten durch eine gesunde Küche vorzubeugen. Prophylaxe, die schmeckt! Dieses Kochbuch möchte Ihnen einen kleinen Einblick in die Welt der Hildegard-Küche im Verlauf der Jahreszeiten geben. Die Auswahl der Rezepte will Ihnen zeigen, daß Sie Ihre gewohnten Speisen beibehalten können und nicht schon wieder eine »neue Ernährung« ausprobieren müssen. Sie übertragen die hildegardischen Küchenregeln in Ihren Kochtopf und gewinnen dabei noch wertvolle Zutaten und ein umfangreiches Heilwissen dazu. Probieren Sie es einfach einmal aus, und werden Sie Zeuge am eigenen Leib, wenn Hildegard verspricht: Du wirst, was Du ißt!

Ich wünsche Ihnen viel Freude bei der Auswahl und Zubereitung Ihrer Gesundheitsküche!

Hildegard von Bingen – Prophetissa teutonica

Wer war Hildegard von Bingen und woher hat sie ihr enormes Wissen über Welt, Mensch und Kosmos? Nun, begleiten Sie mich bei einem kurzen Ausflug in die Welt einer Äbtissin, die nicht nur zu Ihrer Zeit eine bedeutende und starke Persönlichkeit gewesen ist.

Hildegard von Bingen wurde im Jahre 1098 in Bermersheim bei Alzey geboren. Sie war das zehnte Kind einer adeligen Familie und wurde schon mit acht Jahren in die Frauenklause des Benediktinerklosters Disibodenberg geschickt. Mit sechzehn Jahren trat sie dieser Gemeinschaft bei und mit 35 Jahren wurde sie zur leitenden Äbtissin ernannt.

Die eher zarte, kränkelnde und bescheidene Hildegard wäre sicherlich dort nicht besonders aufgefallen, hätte sie nicht von Geburt an eine besondere Gabe gehabt, die ihr Leben in zwei grundsätzlich unterschiedliche Abschnitte teilte. Schon als kleines Kind erstaunte sie ihre Mitmenschen durch ihre natürliche Religiosität und die Gabe, die geheimnisvollen Zusammenhänge der Natur und des Menschen zu erfahren. Diese innere Schau oder innere Stimme war die Quelle all ihrer Schriften, die Hildegard im Verlauf ihrer zweiten Lebenshälfte in über 35 Jahren niederschrieb. So entstanden neben theologischen und einem psychotherapeutischen vor allem medizinische Werke. Selbst Lieder und Kompositionen sind uns überliefert, die in den letzten Jahren in den Musikcharts zu finden sind.

Aber Hildegard hat nicht nur zur Feder gegriffen. Sie war eine besonders vielfältige Frau. Sie hatte ein Herz und ein Ohr für jedermanns Sorgen und Nöte. Selbst dem Kaiser und dem Klerus stand sie mit Rat und Tat zur Seite, hielt aber auch mit Kritik nicht zurück. Sie gründete ein neues Kloster auf dem Ruppertsberg bei Bingen und eröffnete das Tochterkloster in Eibingen. Auf vier großen Predigtreisen wirkte sie vielerorts

Hildegard von Bingen war eine besonders vielfältige Frau. Neben ihren theologischen und medizinischen Schriften komponierte sie einige Lieder, die uns überliefert sind. Sie gründete das Kloster Ruppertsberg bei Bingen und unternahm vier große Predigtreisen. Dabei wirkte sie vielerorts Wunder an Körper, Geist und Seele der Menschen.

Wunder an Körper, Geist und Seele der Menschen. Hildegard, so wird uns aus Biographien übermittelt, war eine starke Frau mit viel Herz und Verstand. Aber dennoch war ihr Leben und jede ihrer Handlungen allein erfüllt und geführt von dieser inneren Stimme, die sie aufrief:

»Schreib, was du siehst und hörst! Tu kund die Wunder, die du erfahren! Schreibe sie auf und sprich!«

Hildegard von Bingen ist bis heute von der katholischen Kirche nicht heiliggesprochen worden. Die Menschen verehren sie dennoch als Heilige. Immerhin hat Papst Eugen III. (gest. 1153) ihre Schrift »Scivias« als visionär anerkannt.

Hildegard von Bingen starb im Jahre 1179 im Alter von 81 Jahren. Die Kirche hat sie zwar bis heute noch nicht heiliggesprochen, doch für ihre Gabe der Prophetie, Heilung und Gebetserhörung wird sie von den Menschen als Heilige verehrt. Papst Eugen III. hat den Inhalt ihrer Schrift *»Scivias«* (»Wisse die Wege«) jedoch offiziell als visionär anerkannt.

Heute wird gerne von ihr als Ärztin oder Naturforscherin geschrieben. Aber dazu hätte sie wohl gar keine Zeit gefunden. Eine wissenschaftliche Ausbildung im heutigen Sinne gab es zur damaligen Zeit nicht. Die einzige Schule, die sie erfahren hat, war das Kloster und das lebendige Licht in Ihrem Inneren. Leider neigt man heutzutage dazu, ihre visionäre Fähigkeit und Gabe anzuzweifeln, aber lassen wir doch Hildegard für sich selbst sprechen:

»Das ganze Universum hat nur ein Ziel, die Gesundheit des Menschen zu erhalten. In allen Geschöpfen, den Tieren, den Vögeln, den Fischen, den Kräutern und den Fruchtbäumen liegen geheimnisvolle Heilkräfte verborgen, die kein Mensch wissen kann, wenn sie ihm nicht von Gott, dem Schöpfer selbst geoffenbart werden.«

Stärkung der Lebenskräfte in der Hildegard-Küche

Hildegard von Bingen bietet mit ihrem Wissen um den Heilwert unserer Lebensmittel eine Möglichkeit, die für unsere abendländische Kultur geradezu sensationell ist. Lebensmittel als wirksame Heilmittel zu betrachten und damit den gesamten Menschen wieder in sein Gleichgewicht zu bringen, war uns bis dato nur aus der Ayurveda-Heilkunde, der Heilkunde der Chinesen oder der Makrobiotik der Japaner bekannt. Doch auch für uns Europäer hat Hildegard vor fast 900 Jahren der Küche eine neue Bedeutung verliehen. Die Hildegard-Küche liefert uns eine ausgewogene, abwechslungsreiche und schmackhafte Vollwerternährung. Es gibt keine extremen Zubereitungen oder Zusammensetzungen der Zutaten. Alle Nahrungsbereiche werden abgedeckt, ohne dabei die Kalorien zählen oder gar die Vitamingehalte bewerten zu müssen.

Hildegard-Ernährung ist bewußtes Zusammenspiel der Speisen.

Die Hildegard-Ernährung kümmert sich weniger um das analytische Zerteilen der Lebensmittel in seine einzelnen Bestandteile (Fette, Eiweiß, Kohlenhydrate, Spurenelemente, Mineralien, Vitamine, Balaststoffe, etc.) als vielmehr um das bewußte Zusammenspiel der Speisen und deren Wirkung auf unsere Gesundheit. Allein der Nutzen für den Genießenden und der Heileffekt der verschiedenen Zutaten sind der Chefkoch aller Rezepturen. Schon Hippokrates sagte: »*Eure Lebensmittel sollen eure Heilmittel sein!*« Die richtige Ernährung ist für den

Menschen wichtiger als alle Therapien und Medikamente, weil unsere Lebensmittel eben Mittel zum Erhalt des Lebens sind. Unsere zukünftige Gesundheit hängt nicht nur von einer ganzheitlichen Medizin ab, sondern in erster Linie von der richtigen Diät, die unseren Körper stärkt und erhält. Wie bereits erwähnt, nennt uns Hildegard eine Vielzahl von Nahrungsmitteln, die unseren Organismus gesund erhalten, Wachstum, Regeneration und Immunsystem stimulieren und Erkrankungen vorbeugen.

In der Hildegard-Heilküche werden daher gezielt Lebensmittel nach ihrem Heilwert, das heißt nach ihrer Subtilität, zusammengesetzt, um unsere Lebenskraft, die Hildegard auch *Viriditas* nennt, zu stärken. Allem voran steht dieser Ernährung jedoch eine Regel, deren Bedeutung keinesfalls zu unterschätzen ist:

Das rechte Maß in allen Dingen

Der Mensch kann und sollte in der Ordnung und dem Gleichgewicht der Elemente Erde, Feuer, Wasser und Luft leben. Der bewußte Umgang mit unserem Körper und seiner Ernährung bedeutet einen bewußten Umgang mit der Natur.

»Die Seele liebt in allen Dingen das diskrete Maß. Wann immer auch der Körper des Menschen ohne Diskretion ißt und trinkt oder etwas anderes dieser Art verrichtet, werden die Kräfte der Seele verletzt. In allen Dingen soll sich der Mensch selbst das rechte Maß auferlegen.«

Wenn man diese recht einfache, aber in der Praxis oft schwer durchsetzbare Regel Hildegards von Bingen beachtet, dann ließen sich viele ernährungsbedingte Risikofaktoren ausschalten. Ein rechtes Maß in den Bereichen Essen und Trinken, Schlafen und Arbeiten, Bewegung und Ruhe gehört zu einer ganzheitlichen Gesundung des Menschen. Der Mensch kann und sollte in der Ordnung und dem Gleichgewicht der Elemente Erde, Feuer, Wasser und Luft bestehen. Daher bedeutet der bewußte Umgang mit unserem Körper und dessen gesunde Ernährung im weitesten Sinne auch einen bewußten Umgang mit unseren Lebensgrundlagen und den Schutz unserer Umwelt.

An dieser Stelle möchte ich besonders den Dinkel und die Edelkastanien aus der Hildegard-Küche erwähnen. Beide können aufgrund ihres natürlichen Schutzes, den ihre mehrfache bzw. harte Schale bietet, ohne umweltbelastende Chemie angebaut werden.

Zu einem bewußten Umgang mit dem Körper gehört aber auch ein Verzicht auf den Verzehr bestimmter Nahrungsmittel, vor denen Hildegard uns warnt. Diese können die Gesundheit bei beständiger Zufuhr nicht nur schädigen, sondern die Entstehung ernährungsbedingter Erkrankungen wie Migräne, Asthma, Bronchitis, Erschöpfung und Allergien fördern. Dafür legt Hildegard aber Wert darauf, ob ein Lebensmittel froh oder traurig macht oder einen psychisch negativen Einfluß auf uns ausübt. Welch eine Revolution! Essen und Trinken hält Leib und Seele zusammen. So sagt man im Volksmund. Hildegard würde dem noch hinzufügen: Lachen ist die beste Medizin!

Achten Sie beim Einkauf Ihrer Hildegard-Lebensmittel darauf, daß die Produkte naturbelassen und umweltschonend hergestellt sind.

Die Zutaten in der Hildegard-Küche basieren vor allem auf Rohstoffen, die in unserer europäischen Heimat wachsen und angebaut werden können. Beim Einkauf sollten Sie darauf achten, daß diese, soweit es möglich ist, auch naturbelassen und umweltschonend hergestellt wurden.

Bitte beachten Sie, daß die Hildegard-Küche zwar leicht in jede Küche übertragbar ist, doch versuchen Sie nicht chronische oder ernsthaft akute Erkrankungen ohne Rücksprache mit Ihrem behandelnden Arzt selbst zu therapieren. Im Zweifelsfall holen Sie bitte immer ärztlichen Rat ein!

Dieses Kochbuch erleichtert Ihnen den Einstieg in die Hildegard-Ernährung und bietet Anregungen, die eigene Hausmannskost zu »hildegardisieren«. Es stellt kein vollständiges ernährungstherapeutisches oder naturheilkundliches Buch im Sinne der Hildegard-Heilkunde dar oder ersetzt dieses. Ich möchte Ihnen gerne meine eigenen Erfahrungen in der Küche im Umgang mit den Ernährungsregeln der Hildegard von Bingen näher bringen.

Ernährungsgrundregeln

Drei Früchten der Natur schreibt Hildegard besondere Heilwirkungen zu. Sie sind von Grund auf gesund und versorgen den Organismus mit allen Stoffen, die er zum Erhalt der Lebenskräfte benötigt.

Dinkel

Dinkel: *»Dinkel ist das beste Getreide, und er ist warm und fett und kräftig und er ist hochwertig und milder als alle anderen Getreidekörner. Wer Dinkel ißt, bildet gutes Fleisch. Dinkel führt zu einem rechten Blut, gibt ein fröhliches Gemüt und die Gabe des Frohsinns. Wie immer zubereitet man Dinkel ißt – als Brot oder als eine andere Speise gekocht, Dinkel ist gut und mild.«*

Fenchel

Fenchel: *»Und wie auch immer gegessen, roh oder gekocht, macht er den Menschen fröhlich und vermittelt eine angenehme Durchblutung, guten Körpergeruch und eine gute Verdauung ... Wer Fenchel täglich nüchtern ißt, dem vermindert er den üblen Schleim und die Fäulnis in ihm, und er unterdrückt den üblen Mundgeruch.«*

Edelkastanie

Edelkastanie: *»Der Kastanienbaum ist sehr warm und hat aufgrund dieser Wärme große Kraft, da er das rechte Maß symbolisiert. Alles, was in ihm ist, und besonders seine Frucht, ist nützlich gegen jede Schwäche, die im Menschen ist.«*

Dem gegenüber hat uns Hildegard ebenfalls eine beeindrukkende Beschreibung von vier Nahrungsmitteln überliefert, die wir heute als sogenannte hildegardische »Küchengifte« bezeichnen. Der Genuß dieser Früchte hat zwar nicht gleich lebensbedrohliche Folgen, doch sollte man die Worte Hildegards ernst nehmen. In meiner ärztlichen Praxis konnte ich häufig feststellen, daß der regelmäßige Verzehr der »Küchengifte« die Selbstheilungskräfte des Körpers schwächt oder sogar blockiert. Wer also eine angeschlagene Gesundheit hat oder an den unten genannten Erkrankungen leidet, sollte Hildegards Worte beherzigen. Gesunde Menschen jedoch müssen ihren Freunden und Bekannten nicht mit übermäßigem Hildegard-Fanatismus auf die Nerven fallen, wenn sie die Erdbeertorte nicht ein ein-ziges Mal mit Genuß essen. Bei unserer Ernährung spielt neben der bewußten und liebevollen Zubereitung auch das rechte Maß in der Beachtung der hildegardischen Regeln eine große Rolle. Ein Zuviel des Guten kann zum Zwang und Übermaß entarten. Außerdem verkraftet Ihr Körper eine fröhlich genossene »Hildegard-Küchensünde« mit Sicherheit besser als mit einem schlechten Gewissen. Dies soll kein Freibrief für jene Früchte sein, vor denen uns Hildegard sehr eindringlich warnt.

Hildegardische Küchengifte

Erdbeeren: *»Das Kraut, an dem die Erdbeeren entstehen, ist mehr warm als kalt ... Auch die Früchte, die Erdbeeren, verursachen gleichsam einen Schleim im Menschen, wenn er sie ißt, und sie taugen weder dem gesunden noch dem kranken Menschen zum Essen, weil sie nahe an der Erde wachsen und weil sie sogar in fauliger Luft wachsen.«*

Erdbeeren

Erdbeeren können zu Verschleimung führen, Entzündungen fördern, Allergien und Ekzeme begünstigen und gelegentlich Blinddarmreizungen oder Mittelohrentzündungen hervorrufen. Lymphatisch veranlagte Menschen sollten die Erdbeeren völlig vermeiden. Kinder reagieren häufig spontan allergisch auf Erdbeerprodukte. Bitte schenken Sie dieser Warnung des Körpers wirklich Aufmerksamkeit.

Lauch/Porree: *»Der Porree, der Lauch genannt wird, hat schnelle und unnütze Wärme in sich wie wertloses Holz, das schnell brennt und schnell fällt. Und dem Menschen verursacht er Beunruhigung in der Begierde. Und roh gegessen ist er so schlecht und verderblich für den Menschen wie ein giftiges, unnützes Kraut, weil er das Blut und die Fäulnis und die Säfte des Menschen ins Gegenteil verkehrt, so daß das Blut im Menschen durch den Lauch nicht zunimmt und so, daß die Fäulnis durch den Lauch nicht vermindert wird und so, daß die üblen Säfte in ihm nicht gereinigt werden.«*

Lauch/Porree

Der Lauch kann das körpereigene Abwehrsystem schädigen bzw. zerstören. Gerade in der heutigen Zeit der zahlreichen immunschwächenden Umwelteinflüsse sollte wenigstens die Ernährung gesundheitsfördernd sein. Da durch den Lauch die Körpersäfte aus den Fugen geraten, kann dies zu mangelnder

Ausscheidung von Krankheitsstoffen und zu schlechter Blutbildung führen. Die im Volksmund vielgepriesene Gesundheit des Porrees ist im wahrsten Sinne des Wortes ein Märchen.

Pflaumen/

Pflaumen/Zwetschgen: *»Der Pflaumenbaum ist mehr warm als kalt und ist auch trocken und stachelig wie ein Dorn, und er bezeichnet den Zorn ... Jedoch die Frucht dieses Baumes ist sowohl für den gesunden wie auch den kranken Menschen so gefährlich zu essen, weil sie die Melancholie im Menschen erregt und die bitteren Säfte in ihm vermehrt und alle Krankheiten, die in ihm sind, hervorsprudeln läßt, und daher ist sie für den Menschen so gefährlich zu essen wie Unkraut ...«*
Diese im Herbst so beliebte Frucht vermehrt die Harnsäure und fördert dadurch Rheuma und Gicht. Außerdem werden eine melancholische Stimmung verstärkt oder Depressionen ausgelöst, denn der Verzehr führt zu Schwarzgallebildung (Gallensäuren, Melanche = Schwarzgalle).

Pfirsiche

Pfirsiche: *»Die Frucht des Baumes ist weder dem Gesunden noch dem Kranken bekömmlich, weil sie verursacht, daß die guten Säfte im Menschen preisgegeben werden und Schleim im Magen (Verdauung) entsteht.«*
Der Pfirsich verschleimt wiederum die Säfte des Körpers. Da zu diesen Säften auch die Lymphe gehört, sollten Menschen mit Lymphabflußstörungen und Stoffwechselstörungen auf den Genuß völlig verzichten. Das Abheilen von z. B. Nasennebenhöhlen- oder Stirnhöhlenkatarrhen sowie von Asthma und Bronchitis kann dadurch verhindert werden, da beständig Schleim nachgebildet wird.

Rohkost: Im Gegensatz zu vielen heute bekannten Ernährungsrichtlinien warnt Hildegard uns vor dem Verzehr von Rohkost. *»Wenn die Menschen zuweilen übermäßig viele Speisen gegessen haben, die entweder zu roh oder ungekocht oder halbgar und besonders fett und schwer oder auch saftlos und trocken waren, dann können manchmal das Herz, die Leber und die Lungen und die anderen Wärmespeicher, die im Menschen sind, dem Magen nicht mit soviel und so starker Wärme beispringen, daß diese Speisen gar gekocht werden. Daher gerinnen sie im Magen, verhärten sich und werden schimmelig, so daß sie den Magen zuwei-*

len etwas grün oder blaugrün oder auch bleifarbig machen oder mit viel Schleim belasten, so daß die schlechten Säfte die schädlichen, übelriechenden Darmgase wie ein faulender Düngehaufen durch den ganzen Körper aussenden.«
Die Erfahrung hat gezeigt, daß Rohkost zu schlechter Durchblutung des Körpers führt, da der Magen dem Körper die zum Verdauen bzw. Garkochen der Speisen benötigte Energie entzieht. Menschen, die sich häufig von Rohkost ernähren, leiden gern an kalten Händen und Füßen sowie an Gedächtnisstörungen, verursacht durch einen mangelhaft durchbluteten Kopf. Blähungsprobleme, Magenschmerzen oder gar ständig wiederkehrende Pilzerkrankungen und Infektionen des Verdauungstraktes sind weitere mögliche Rohkostsymptome. Da ein großer Teil der Immunabwehr seinen Sitz im Dünndarm hat, kann regelmäßig gegessene Rohkost das Abwehrsystem schädigen. In der Hildegard-Küche darf daher gedünstet, blanchiert und gekocht werden, Blattsalate dürfen gebeizt werden, um die Voraussetzung für eine gute Verdauung zu schaffen.

Rohkost

Um in Ihrer Küche nur gesunde und ausgewählte Lebensmittel zu verwenden, sollten Sie beachten, daß die Zutaten

- **natürlich ausgereift,**
- **weitgehend ökologisch produziert,**
- **möglichst aus unserem Umfeld und**
- **der Jahreszeit angepaßt sind.**

Auf chemische Zutaten oder konservierte Nahrung und Fertigprodukte sowie bestrahlte Lebensmittel (einschließlich Mikrowelle) sollte in einer gesundheitsbewußten Küche verzichtet werden.

Die folgende Übersicht soll Ihnen bei der Auswahl der Zutaten helfen, die geeigneten Hildegard-Lebensmittel schnell zu finden. Alle empfohlenen Lebensmittel können bei Gesundheit und Krankheit als Küchenzutaten benutzt werden. Da Hildegard von Bingen die Wirkung der Nahrungsmittel auf unseren Körper genauestens beschrieben hat (Subtilität), sollte man einige Lebensmittel im Krankheitsfall nur mit Einschränkung oder gar nicht verwenden.

LEBENSMITTEL	*Von Hildegard für die Gesundheitsküche empfohlen*	*Ohne Hildegard-Kommentar* mit Einschränkungen zu verwenden*	*In der Gesundheitsküche zu vermeiden*
GETREIDE	Dinkel Hafer Vollkornweizen (nur gebacken, da er gekocht, z. B. als Nudel, verschleimt)	Roggen (nur für Magengesunde)	Auszugsmehlprodukte Buchweizen Gerste (außer als Bier) Grünkern (ist unreifer Dinkel) Hirse
GEMÜSE	Bohnen(Adzuki, Kidney, grüne, weiße, schwarze) Edelkastanien Fenchel Kichererbsen Knoblauch roh Kürbis Melde Pastinaken Rote Bete Rüben (weiße, gelbe) Sellerie Spinat	Erbsen (verschleimen) Gurken (nur Gesunde) Kohl und Kraut (nur Gesunde) Linsen (verschleimen) Pilze (selten) *Nachtschattengewächse:* Auberginen, Kartoffeln, Paprika, Tomaten, Artischocke* Mangold* Meerrettich (im Frühjahr) Rettich (maßvoll) Schwarzwurzel* Spargel* Zucchini* Zwiebeln (niemals roh)	Lauch Schalotten Sauerampfer *Sonstiges:* Exoten und Südfrüchte nur mit dem rechten Maß einsetzen

LEBENSMITTEL	*Von Hildegard für die Gesundheitsküche empfohlen*	*Ohne Hildegard-Kommentar* mit Einschränkungen zu verwenden*	*In der Gesundheitsküche zu vermeiden*
OBST	Äpfel Birnen (nur gekocht) Brombeeren Hagebutten Himbeeren Johannisbeeren Kirschen Kornelkirschen Maulbeeren Mispeln Orangen Quitten Schlehen Süße Mandeln Zitronen	Datteln (maßvoll) Feigen (selten) Walnüsse (verschleimen) Weintrauben*	Erdbeeren Haselnuß Heidelbeere Holunder Olive Pfirsiche Pflaumen/ Zwetschgen Nektarinen *Sonstiges:* Exoten und Südfrüchte nur mit dem rechten Maß einsetzen
FISCH	Äsche Barsch Dorsch Hecht Hering (gebraten) Kabeljau Kretzer Renke Rotauge Saibling Wels Zander	*Nur für Gesunde:* Bachforelle Blaufelchen Karpfen	Aal Brachse Bückling Forelle Geräucherter Fisch Hering (roh) Lachs Ölsardinen Scholle *Sonstiges:* Meeresfrüchte wie Muscheln Krabben Krebse Hummer, etc.

LEBENSMITTEL	*Von Hildegard für die Gesundheitsküche empfohlen*	*Ohne Hildegard-Kommentar* mit Einschränkungen zu verwenden*	*In der Gesundheitsküche zu vermeiden*
FLEISCH	Hammel Hirsch Huhn Lamm Schaf Straußenfleisch Reh Ziege	Fasan (nur Gesunde) Hase* Pute* Rind/Kalb (Vorsicht bei Fettstoffwechsel-störungen) Wildente (maßvoll) Wildgans (nur Gesunde) *Heilanwendung:* Leber von Hirsch Huhn, Reh, Rind, Kalb, Schaf, Ziege	Geräuchertes Fleisch Schwein (außer dessen Leber) Wildschwein (nur bei Kranken und Schwachen)
ÖLE/FETTE	Butter Butterschmalz Kürbiskernöl Mandelöl Sonnenblumen-öl*	Walnußöl (verschleimt)	Braten- und Backfette Distelöl Leinöl Olivenöl Vollraffinierte Fette
MILCH-PRODUKTE/EIER		Buttermilch* Eier, Frischkäse Hartkäse Joghurt* Milch (maßvoll) Quark* Sahne* Saure Sahne*	Überbackener Käse

LEBENSMITTEL	*Von Hildegard für die Gesundheitsküche empfohlen*	*Ohne Hildegard-Kommentar* mit Einschränkungen zu verwenden*	*In der Gesundheitsküche zu vermeiden*
SALATE	Batavia-Salat Eichblattsalat Eissalat Feldsalat Kopfsalat Lollo rosso Romanasalat		Chicorée Chinakohl Endiviensalat Radicchio
GETRÄNKE	Bier Dinkelkaffee Fencheltee Gemüsesäfte (verdünnt) Obstsäfte (verdünnt) Wein	*Heilanwendung:* Hagebuttentee Himbeerblättertee Kräutertees* Salbeitee Schwarztee*	Bohnenkaffee Mineralwasser (besonders kohlensäurehaltige) Spirituosen
GEWÜRZE	Basilikum Beifuß, Bertram Bohnenkraut Bockshornklee Brennessel Brunnenkresse Dill, Estragon Galgant, Gewürznelken, Kerbel Liebstöckel Lorbeer, Majoran Muskatnuß Mutterkümmel Petersilie (roh) Pfeffer, Quendel Salz, Weinessig Ysop	*Heilkräuter:* Ackerminze Bachbunge Bachminze Bärwurz, Diptam Enzian gelb Gundelrebe Ingwer Katzenminze Krauseminze Lavendel Mohn, Pfefferkraut, Pfefferminze, Poleiminze, Rainfarnblätter, Salbei Taubnessel, Zimt Weinraute	Origanum vulgare

Bachminze

»Wenn der Magen des Menschen von vielen Speisen und Getränken beschwert wird und er daher dämpfig ist, dann esse er oft die Bachminze roh oder gekocht mit Fleisch oder in Suppen oder in Mus gekocht, und die Dämpfigkeit wird weichen.«

Beifuß

»Der Beifuß ist sehr warm, und sein Saft ist sehr nützlich, und wenn er gekocht wird und in Mus gegessen wird, heilt er kranke Eingeweide, und er wärmt den kranken Magen.«

Brennessel

»Aber wenn sie frisch aus der Erde sprießt, ist sie gekocht nützlich für die Speisen des Menschen, weil sie den Magen reinigt und den Schleim wegnimmt.«

Bachminze

Basilikum

Beifuß

Bohnenkraut

Brennessel

Brunnenkresse

Dill

Diptam

Dill
»... jedoch gekocht gegessen unterdrückt er die Gicht, und so ist er nützlich beim Essen.«

Diptam
»... und so ist der Diptam kräftig gegen Krankheiten ...«

Galgant

Gewürznelken

Gewürznelken
»Und wenn jemand Kopfschmerzen hat, so daß ihm der Kopf brummt, wie wenn er taub wäre, esse er oft Nelken, und das mindert das Brummen, das in seinem Kopf ist.«

Knoblauch

Liebstöckel

Knoblauch
»Für Gesunde und Kranke ist er heilsamer zu essen als der Lauch. Und er muß roh gegessen werden, denn wer ihn kochen würde, machte daraus sozusagen verdorbenen Wein ...«

Lorbeer
»Wenn du am Magen leidest, dann koche diese Lorbeeren in Wein und trinke den Wein warm. Das nimmt den Schleim von deinem Magen und vertreibt aus ihm das Fieber.«

Muskatnuß
»Und wenn ein Mensch die Muskatnuß ißt, öffnet sie sein Herz und reinigt seinen Sinn und bringt ihm einen guten Verstand.«

Mutterkümmel
»Ein Mensch, der gekochten oder gebratenen Käse essen will, streue Mutterkümmel darauf, damit er nicht davon Schmerzen leidet, und so esse er.«

Petersilie
»Und sie ist für den Menschen besser und nützlicher roh als gekocht zu essen.«

Lorbeer

Majoran

Melde

Mohn

Mußkatnuß

Mutterkümmel

Petersilie

Pfeffer

Quendel

Salbei

Zimt

Zitronenmelisse

Pfeffer
»Wenn dem Menschen vor Speisen ekelt, so daß er nicht essen will, dann soll dieser in irgendeiner Speise mit Brot mäßig Pfeffer essen, und es wird ihm an der Milz besser gehen und er wird den Ekel ablegen.«

Quendel
»Und ein Mensch, der krankes Fleisch des Körpers hat, so daß sein Fleisch wie die Krätze ausblüht, der esse oft Quendel entweder mit Fleisch oder im Mus gekocht, und das Fleisch seines Körpers wird innerlich geheilt und gereinigt werden.«

Salbei
»... Denn roh oder gekocht ist er gut für jenen zu essen, den schädliche Säfte plagen, weil er diese unterdrückt.«

HILDEGARD-REZEPTE FÜR DEN FRÜHLING

Vorspeisen

- *Dinkelsuppe*
- *Bunter Salat*
- *Frühlingssuppe mit Gemüse*
- *Dinkelnudelsalat mit Spargel*
- *Italienische Gemüsesuppe*

Hauptgerichte

- *Fischfilet auf Spinat*
- *Dinkellasagne mit Spinat*
- *Kichererbsen-Fenchel-Auflauf arabisch*
- *Stangensellerie in Cremesauce*
- *Kabeljaufilet auf Brennesselpüree mit Rote-Bete-Schaum*
- *Dinkelpflanzerl*
- *Apfel-Zwiebel-Leber mit Fenchelgemüse*
- *Grüner Bohnenhacktopf mit Pfiff*

Desserts

- *Quarkauflauf mit Obst*
- *Beeren im Grießhemd*
- *Mohn-Dinkelflocken-Knödel mit Sauerkirschen*
- *Gemischtes Beerenkompott*

Dinkelsuppe

◎ Für 6 Portionen
◎ Zubereitungszeit: ca. 1 Stunde 30 Minuten

1 1/4 l Gemüsebrühe, 100 g Dinkelkörner, 1 Knolle Sellerie mittelgroß, 2–3 Karotten, 1 Knolle Fenchel, 100 g süße Sahne, Salz, Pfeffer, 1/2 TL Bertram, 1/2 TL Quendel, 1 Msp. Mutterkümmel, 1 Bund Petersilie

Die Gemüsebrühe zum Kochen bringen, den Dinkel hinzufügen, einmal aufkochen und zugedeckt bei schwacher Hitze 1 Stunde garen. Anschließend noch nachziehen lassen. Während dieser Zeit den Sellerie putzen, waschen, schälen und in dünne Streifen schneiden. Die Karotten putzen, waschen, schälen und ebenfalls in dünne Streifen schneiden. Den Fenchel putzen, waschen und halbieren. Dann quer in dünne Streifen schneiden. Das geschnittene Gemüse zum Dinkel dazugeben, noch einmal aufkochen und ca. 10 Minuten garen. Mit süßer Sahne, Salz, Pfeffer, Bertram, Quendel und Mutterkümmel würzen. Die Petersilie waschen und kleinhacken. Die Suppe im Teller anrichten und mit der gehackten Petersilie bestreuen.

Tip: Wenn Sie wenig Zeit haben, dann kochen Sie die Suppe mit Dinkelreis, der nur ca. 20 Minuten Garzeit benötigt.

Bunter Salat

◎ Für 3 Portionen
◎ Zubereitungszeit: ca. 30 Minuten

50 g Feldsalat, 100 g Batavia-Salat, 100 g Kopfsalat, 1 kleines Bund Radieschen, 3 EL gekochte Dinkelkörner

FÜR DIE MARINADE:
6 EL Sonnenblumenöl, 5 EL Weinessig, Salz, Pfeffer, 1 Zehe Knoblauch, 1 Bund Petersilie, 1 Bund Schnittlauch, feingewiegte Poleiminzeblätter (falls vorhanden)

Die Salate putzen, waschen und zerkleinern. Die Radieschen putzen, waschen und in dünne Scheiben schneiden. Die Salate, Radieschen und Dinkelkörner miteinander in einer Schüssel vermischen. Die Marinadezutaten vermengen, die Knoblauchzehe pressen und hinzufügen. Mit den frisch gehackten Kräutern verrühren, etwas salzen und pfeffern und über den Salat gießen.

Hinweis: Der sogenannte »Dinkelkörner-Kopfsalat« fördert nach Hildegard die Verdauung und die Durchblutung des Gehirns.

Alle Salatarten, wie z. B. Endiviensalat, Radicchio oder Chicoree, die zur Familie der Zichorie gehören, werden von Hildegard nicht als Lebensmittel empfohlen.

Tip: Sie können als Variante auch andere Salate der Saison verwenden, wie z. B. Eissalat, Lollo rosso, Eichblattsalat oder Romanasalat.

Hildegard-Empfehlung

»Die Lattiche, die gegessen werden können, sind sehr kalt, und ohne Würze gegessen machen sie mit ihrem unnützen Saft das Gehirn des Menschen leer und füllen den Magen–Darm mit Krankheit. Wer sie daher essen will, der beize sie zuerst mit Dill oder mit Essig oder mit etwas anderem, so daß zweimal für kurze Zeit übergossen werde, bevor gegessen wird. Und wenn sie der Mensch auf diese Weise gemäßigt ißt, stärken sie das Gehirn und bereiten eine gute Verdauung.«

Frühlingssuppe mit Gemüse

◎ Für 4–5 Portionen
◎ Zubereitungszeit: ca. 30 Minuten

1 kleine Zwiebel, 1 Zucchino, 3 Karotten, 1 kleine Knolle Fenchel, 1 kleine Knolle Sellerie, 100 g grüne Bohnen, 2 EL Sonnenblumenöl, 1½ l Gemüsebrühe, 3 EL Dinkelreis oder Dinkelgrieß, Salz, Pfeffer, 1 Msp. Bertram, 1 Msp. Quendel, 1 Bund frische Petersilie

Die Zwiebel schälen, abziehen und würfeln. Das Gemüse waschen und putzen. Den Zucchino und die Karotten in dünne, 3 cm lange Streifen schneiden. Den Fenchel und den Sellerie würfeln, die Bohnen ebenfalls in ca. 3 cm lange Stücke schneiden. Die Zwiebelwürfel im Sonnenblumenöl leicht anschwitzen und das kleingeschnittene Gemüse hinzufügen, kurz andünsten. Mit der Brühe aufgießen und den Dinkelreis oder Dinkelgrieß dazugeben. Einmal kurz aufkochen lassen, zudecken und ca. 15 Minuten bei kleiner Hitze garen lassen. Zwischendurch umrühren. Mit Salz, etwas Pfeffer, Bertram und Quendel (falls vorhanden, frische Blätter) würzen. Nochmals durchziehen lassen und mit frischer Petersilie servieren.

Hinweis: Während einer Fastenkur versorgt diese Gemüsesuppe Ihren Körper mit allen wichtigen Mineralstoffen und Vitaminen. Insbesondere der Dinkelgrieß fördert die Ausscheidung der Giftstoffe über die Nieren. Daher sollte man reichlich trinken.

Tip: Diese Suppe eignet sich auch als Hildegard-Fastensuppe. Alle Zutaten kurz vor dem Servieren kräftig mit dem Schneidstab pürieren und gegebenenfalls noch verdünnen, damit sie flüssig wird. Nochmals abschmecken, das Salz sparsam verwenden.

Dinkelnudelsalat mit Spargel

◎ Für 4–6 Portionen
◎ Zubereitungszeit: ca. 45 Minuten

250 g Dinkelnudeln (z. B. Penne), Salz, 500 g Spargel, 2 Karotten, 1 kleiner Zucchino, 200 g Brokkoli, 50 g Zuckerschoten

FÜR DIE MARINADE:
6 EL Sonnenblumenöl, Saft von 2 unbehandelten Orangen, 150 g Vollmilchjoghurt, Salz, Pfeffer, 1 Msp. Bertram, 1 Msp. Quendel, 30 g gehackte Mandeln

Die Nudeln in Salzwasser bißfest garen. Abtropfen und abkühlen lassen. Das Gemüse putzen, waschen und wahlweise in Stücke oder Scheiben schneiden. Den Brokkoli in Röschen teilen. Das Gemüse ca. 8 Minuten in Salzwasser blanchieren und in einem Sieb abtropfen lassen. Die Nudeln und das Gemüse miteinander vermengen.
Für die Marinade das Öl, den Orangensaft und den Joghurt verrühren. Mit etwas Salz, Pfeffer, Bertram und Quendel würzen. Die gehackten Mandeln unterheben. Die Marinade über den Salat gießen und ca. 30 Minuten ziehen lassen.

Hinweis: Hildegard warnt uns, unvernünftig oder ohne spezielle Heilabsicht Kräuter und Gewürze anzuwenden. Gerade für die Hildegard-Gesundheitsküche ist diese Regel von außerordentlicher Bedeutung. Auch Pflanzen- und Kräuterheilmittel sollten nur bei Bedarf und nach Absprache mit einem Therapeuten eingesetzt werden. Der generellen Freiheit von Nebenwirkungen pflanzlicher Heilmittel erteilt Hildegard eine deutliche Absage. Die Universalheilgewürze Bertram und Quendel sollten jedoch in keiner Speise fehlen.

Hildegard-Empfehlung

»Die verschiedenen edlen Kräuter, die Pulver und die aus edlen Kräutern gewonnenen Gewürze nützen gesunden Menschen nicht, wenn sie nicht ordnungsgemäß eingenommen werden, sondern schaden ihnen vielmehr dadurch, daß sie ihr Blut austrocknen und ihr Fleisch abmagern lassen, weil sie in ihnen nicht die Säfte vorfinden, an denen sie ihre Wirkung ausüben können. Sie steigern bei den Menschen dann nicht die Kräfte und lassen auch nicht ihr Fleisch wachsen.«

Italienische Gemüsesuppe

◎ Für 4 Portionen
◎ Zubereitungszeit: ca. 30 Minuten

1 Bund Karotten, 250 g Zucchini, 300 g Staudensellerie, 1 Gemüsezwiebel, 4 Tomaten (Rezept auch ohne möglich), 1 l Gemüsebrühe, 2 EL Sonnenblumenöl, Salz, Pfeffer, Zucker, je 1 TL frischen oder getrockneten Quendel und Majoran, 1/2 TL Bertram, 50 g geriebenen Parmesan

Das Gemüse putzen und waschen. Die Karotten in schräge Scheiben schneiden. Die Zucchini vierteln und in dünne Scheiben schneiden. Den Staudensellerie in ca. 1 cm lange Stückchen zerkleinern. Die Gemüsezwiebel schälen, halbieren und in schmale Streifen schneiden. Falls Sie Tomaten verwenden, diese waschen und achteln. Das Gemüse und die Zwiebeln im heißen Öl ca. 5 Minuten andünsten. Die Tomaten dazugeben und mit der Brühe aufgießen. Die Suppe mit den Gewürzen und Kräutern abschmecken und 10 Minuten garen. Mit geriebenem Parmesankäse servieren.

Hinweis: Auch diese Suppe können Sie als Fastensuppe verwenden. Alle Zutaten müssen gut püriert werden, die Suppe muß man gegebenenfalls noch mit Wasser verdünnen. In der Fastenzeit sollten Sie auf Parmesan verzichten, da er sehr salzhaltig ist.

Tip: Für Kinder oder als Vollwertgericht empfiehlt es sich, noch 50 g kleine Nudeln, z. B. Dinkelhörnchen, in den letzten 7 Minuten mitzugaren.

Fischfilet auf Spinat

◎ Für 2 Portionen
◎ Zubereitungszeit: ca. 40 Minuten

300 g Fischfilet (z. B. Kabeljau, Rotbarsch), 2 EL Zitronensaft, Salz, Pfeffer aus der Mühle, 1 Msp. Poleiminze, 1 Zwiebel, 1 EL Butter, 75 ml Milch, 75 ml Gemüsebrühe, 1/2 Tasse Weißwein, 300 g Blattspinat, 1 EL Crème fraîche, 1 Msp. Bertram, 1 Msp. Quendel, Muskat, 1 Knoblauchzehe

Das Fischfilet abspülen, trockentupfen, mit Zitronensaft beträufeln und mit Salz, Pfeffer aus der Mühle und etwas Poleiminze würzen. Den Blattspinat putzen, waschen und sehr grob zerkleinern. Die Zwiebel abziehen und fein würfeln. Im heißen Fett andünsten. Den Spinat dazugeben und mit der Milch, der Gemüsebrühe und dem Weißwein aufgießen, ca. 10 Minuten garen. Die Gewürze zufügen, die Crème fraîche unterrühren und zum Schluß die gepreßte Knoblauchzehe daruntermischen. Noch etwas nachziehen lassen. Auf den Spinat das Fischfilet legen und zugedeckt weitere 10 Minuten garen. Zwischendurch das Filet einmal wenden. Dazu paßt Dinkelreis.

Tip: Sie können sich bei der Auswahl des Fisches einer großen Variation bedienen (siehe Lebensmitteltabelle auf Seite 19). Alle Raubfische, die Hildegard zum Verzehr empfiehlt, sind für Gesunde und Kranke gleichermaßen geeignet. Mit Fisch auf Ihrem Speisezettel decken Sie den Jodbedarf des Körpers und erhalten wertvolle Fischöle (Omega-3-Fischöl, ungesättigte Fettsäuren), die eine senkende Wirkung auf die Blutfette haben. Beim Einkauf ist jedoch die Herkunft und Aufzucht dieser Tiere zu beachten, die heutzutage oftmals mit Schadstoffen aus unseren Gewässern belastet sind.

Hildegard-Empfehlung

»Einige Fische gibt es, die sich von Natur aus am Grunde des Meeres und der Flüsse aufhalten, und dort suchen sie ihre Nahrung und durchwühlen den Grund wie die Schweine die Erde. Das Fleisch dieser Fische ist etwas weich und schwach, und sie sind nicht gesund zum Essen. Aber es gibt andere Fische, die sich hauptsächlich in der Mitte und in der Reinheit des Meeres und der Flüsse aufhalten und dort ihre Nahrung suchen ... Diese Fische sind gesund zum Essen.«

Dinkellasagne mit Spinat

◎ Für 4–6 Personen
◎ Zubereitungszeit: ca. 1 1/2 Stunden
◎ Backzeit: ca. 45 Minuten

250 g Dinkelvollkornmehl, 1 Prise Salz, 1 EL Sonnenblumenöl, 1 Ei, 1 Eigelb, ca. 5 EL lauwarmes Wasser, 800 g Tomaten, 400 g Blattspinat, 1 große Zwiebel, 1/2 TL Bertram, 1/2 TL Quendel, Salz, Pfeffer, Muskat, 1 Knoblauchzehe, 200 g Schafskäse, 250 g Sahne, 150 g Mozzarella, 1/2 Bund Petersilie

Hildegard-Empfehlung

»...gegessen bewirkt die Melde (Spinat gehört zu den Meldegewächsen) eine gute Verdauung.«

Für den Teig das Mehl mit 1 Prise Salz in einer Schüssel vermengen. Öl, Ei, Eigelb und Wasser dazugeben und alles zu einem geschmeidigen, glatten Teig verarbeiten. Den Teig zu einer Kugel formen und in Pergamentpapier bei Zimmertemperatur ruhen lassen. Die Tomaten in kleine Würfel schneiden. Den Blattspinat putzen, waschen und trockenschwenken. Grob hacken. Die Zwiebel abziehen und fein würfeln. Die Knoblauchzehe pressen. Die Tomaten mit dem Spinat, den Zwiebelwürfeln, der gepreßten Knoblauchzehe und den Gewürzen mischen. Den Schafskäse in kleine Würfel schneiden. Den Teig nochmals durchkneten, in Portionen teilen und auf einer leicht bemehlten Arbeitsfläche oder in einer Nudelmaschine zu dünnen Platten ausrollen. Eine feuerfeste Auflaufform mit Sonnenblumenöl ausfetten. Die Teigplatten und die Tomaten-Spinat-Mischung lagenweise in die Form schichten, dabei jeweils das Gemüse mit Sahne übergießen und die Käsewürfel darauf verteilen. Die letzte Schicht sollte aus Teigplatten bestehen. Nochmals mit Sahne übergießen und den kleingeschnittenen Mozzarella darüber verteilen. Die Lasagne in den Backofen auf den mittleren Rost stellen. Bei 220 °C ca. 45 Minuten braun backen. Die Lasagne auf Teller anrichten und mit der Petersilie bestreuen.

Kichererbsen-Fenchel-Auflauf arabisch

◎ Für 4 Portionen
◎ Zubereitungszeit: ca. 2 Stunden

200 g Kichererbsen, 1/2 l Gemüsebrühe, Salz, 3 Knollen Fenchel, 1 TL Gelbwurz, 1 TL Mutterkümmel, 1 Msp. Safran, 1 Msp. Koriander, 1 Msp. Muskat, 1/2 TL Zimt, 1/2 TL Galgant, weitere 150 ml Gemüsebrühe, 150 ml Sahne, 1 Bund Petersilie

Die Kichererbsen in einen Topf geben, mit reichlich Wasser bedecken und über Nacht quellen lassen. Das Quellwasser abgießen, die Gemüsebrühe dazugeben und zugedeckt bei schwacher Hitze ca. 1 Stunde weich garen. Nach Bedarf noch Wasser zugießen. In einem weiteren Topf Salzwasser zum Kochen bringen. Den Fenchel putzen, waschen und längs in dünne Streifen schneiden. Das Gemüse im kochenden Salzwasser etwa 5 Minuten blanchieren. Dann in einem Sieb kalt abschrecken und abtropfen lassen. Die Kichererbsen ebenfalls abtropfen lassen und mit dem Fenchel in einer feuerfesten Form mischen. Alle Gewürze gut mit der zusätzlichen Gemüsebrühe und der Sahne verrühren und über das Gemüse gießen. Den Auflauf in den Backofen auf den mittleren Rost stellen und bei 200 °C ca. 40 Minuten garen, bis die Oberfläche leicht gebräunt ist. Die Petersilie waschen, fein hacken und das Gratin damit bestreuen. Dazu paßt Kopfsalat.

Tip: Wenn Ihre Familie gerne gesunde Knabbereien genießen möchte, können Sie die Kichererbsen in der Pfanne leicht rösten und gegebenenfalls auch etwas salzen.

Hildegard-Empfehlung

»Die Kichererbse ist warm und angenehm und leicht zu essen und sie vermehrt nicht die schlechten Säfte. Wer Fieber hat, röste die Kichererbsen über frischen Holzkohlen und esse sie, und er wird geheilt.«

Hildegard-Empfehlung

»Roh taugt er nicht zum Essen, weil er schlechte Säfte bereitet. Gekocht schadet der Sellerie dem Menschen nicht, sondern macht gesunde Säfte.«

Stangensellerie in Cremesauce

◎ Für 2 Portionen
◎ Zubereitungszeit: ca. 40 Minuten

400 g Stangensellerie, 200 ml Gemüsebrühe, 2 EL Dinkelmehl, 25 g Mandeln, 100 g Doppelrahm-Frischkase, 1 Msp. Bertram, 1 Msp. Quendel, 1/2 TL Currypulver, 1 TL abgeriebene unbehandelte Zitronenschale, 2 EL Zitronensaft

Den Stangensellerie putzen, waschen und die holzigen Fasern an der Oberfläche entfernen. Einige Sellerieblättchen waschen und fein hacken. Die Stangen zunächst längs und dann quer halbieren. Die Gemüsebrühe zum Kochen bringen und den Sellerie zugedeckt bei schwacher Hitze ca. 10 Minuten bißfest garen. Die Brühe abgießen und auffangen. Den Sellerie auf einem Teller anrichten und warm halten. Die Mandeln in Stifte schneiden und in einer Pfanne ohne Fett goldbraun anrösten. Ständig wenden. Das Dinkelmehl über die Brühe sieben und mit dem Schneebesen kräftig einrühren. Einmal aufkochen und noch etwas nachziehen lassen. Den zerbröckelten Frischkäse, die Gewürze und die Zitronenschale ebenfalls mit dem Schneebesen einrühren. Mit etwas Zitronensaft würzen. Die fertige Sauce über den warmen Sellerie geben und mit den gerösteten Mandelstiften und den Sellerieblättchen bestreuen.
Dazu paßt Dinkelreis.

Hinweis: In der Hildegard-Küche verwendet man sowohl den Knollensellerie als auch den Stangensellerie – jedoch niemals roh.

Kabeljaufilet auf Brennesselpüree mit Rote-Bete-Schaum

◎ Für 4 Portionen
◎ Zubereitungszeit: ca. 1 Stunde

120 g Brennesselblättchen, Salz, 1 Zwiebel, 60 g Butter, 1/8 l Gemüsebrühe, 125 g Sahne, 1 Msp. Bertram, 1 Msp. Quendel, Salz, Pfeffer, 1 Knolle Rote Bete, 1 Becher Crème fraîche, 1 Msp. Mutterkümmel, 1 Msp. Koriander, 4 Kabeljaufilets, Saft einer halben Zitrone, Pfeffer, 1 Msp. Bertram

Die Brennessel verlesen, waschen und in kochendem Salzwasser 2 Minuten blanchieren. In einem Sieb abtropfen lassen und fein hacken. Die Zwiebel abschälen und fein würfeln. 30 g Butter zerlassen und die Zwiebel darin glasig dünsten. Die Brennessel zugeben und gut andünsten. Die Gemüsebrühe und die Sahne angießen und 10 Minuten zugedeckt garen. Mit einem Handpüriergerät kräftig mixen und würzen. Die Rote Bete waschen, schälen und würfeln. In 100 ml Salzwasser zugedeckt ca. 20 Minuten kochen. Die Crème fraîche zugeben und ebenfalls mit dem Pürierstab kräftig zu Schaum mixen. Gewürze vorsichtig unterziehen. Das Fischfilet abspülen, mit dem Zitronensaft beträufeln, würzen und in der restlichen Butter von beiden Seiten ca. 4 Minuten leicht anbraten. Den gebratenen Fisch auf einem Teller mit beiden Saucen anrichten. Dazu können Sie gegarte Dinkelkörner reichen.

Hinweis: Fein gewürzt mit Quendel und als Salat oder Gemüse zubereitet, können Sie eine Mahlzeit mit hautdurchblutender und hautreinigender Wirkung servieren.

Hildegard-Empfehlung

»Gekocht ist sie aber besser als roh und führt nicht zu Fehlsäften. Wenn sich aber irgendwann einmal ein Körpersaft zu Geschwürbildung in der Haut erhebt, dann soll der Kranke Rüben essen, und das Geschwürbildende wird vernichtet.«

Dinkelpflanzerl

◎ Für 3 Portionen
◎ Zubereitungszeit: ca. 30 Minuten

200 g Dinkelschrot, 1 TL Butter, 1/4 l Gemüsebrühe, 2 Eier, 2 Zucchini, 1 kleine Knolle Fenchel, 1 kleine Zwiebel, Salz, 1/2 TL Bertrum, 1/2 TL Quendel, 1 Msp. Galgant, Sonnenblumenöl zum Braten, 50 g geriebenen Emmentaler

Die kleine Zwiebel häuten, fein würfeln und in heißer Butter anschwitzen. Den Dinkelschrot dazugeben und unter Rühren kurz anrösten. Dadurch wird der Geschmack nussiger. Mit der Gemüsebrühe aufgießen, ca. 5 Minuten bei geringer Hitze unter Rühren kochen lassen. Die Herdplatte ausschalten und den Schrotbrei zugedeckt bei abgeschalteter Herdplatte 15 Minuten quellen lassen. In der Zwischenzeit die Zucchini putzen, waschen und raspeln, den Fenchel putzen, waschen und in kleine Würfel schneiden. Das Gemüse unter den Schrotbrei mischen. Die beiden Eier sowie die Gewürze unterziehen. Falls der Brei zu trocken geworden ist, mit etwas Gemüsebrühe angießen. Zum Schluß den geriebenen Käse unterheben. Das Öl in der Pfanne erhitzen und 2 Eßlöffel des Teiges in das Öl geben, glattstreichen und von beiden Seiten knusprig braun braten. Die Menge ergibt ca. 6 Pflanzerl. Dazu paßt Kopfsalat mit gekochten Dinkelkörnern.

Hinweis: Unsere Mütter haben uns gelehrt, zum Essen nicht zu trinken. Hildegard rät uns genau das Gegenteil, jedoch immer mit dem rechten Maß.

Tip: Man kann die Pflanzerl auch kalt oder als vegetarische »Gemüseburger« in einer Dinkelsemmel, z. B. als Pausensnack, essen.

Hildegard-Empfehlung

»Wenn der Mensch ißt, arbeitet er beim Essen wie eine Mühle beim Mahlen. Durch die Arbeit beim Essen wird der Mensch inwendig warm und trocken. So beginnt er innerlich auszutrocknen, und das ist der Durst. Dann muß er etwas trinken und wieder essen, und wenn er dann wieder beim Essen durch die Wärme trocken wird, bekommt er wieder Durst, und dann muß er wieder trinken. So muß sich der Mensch während des Essens verhalten, denn wenn der Mensch beim Essen nicht trinken würde, würde er geistige und körperliche Beschwerden bekommen und weder eine gute Blutflüssigkeit bekommen noch eine gute Verdauung haben. Wenn er aber beim Essen übermäßig viel trinkt, verursacht er bei seinen Körpersäften eine schlimme Überschwemmung, so daß die guten Säfte in ihm ihre Wirkung verlieren ...«

Apfel-Zwiebelleber mit Fenchelgemüse

◎ Für 1 Portion
◎ Zubereitungszeit: ca. 15 Minuten

100 g Kalbsleber, 1 Zwiebel, 1 Apfel, 1 EL Öl, 1/2 Tasse Gemüsebrühe, Salz, Pfeffer, 1 Msp. Bertram, 1 Msp. Quendel, 1–2 EL Dinkelmehl, 1 Knolle Fenchel

Die Leber waschen, trockentupfen und in Würfel schneiden. Die Zwiebel abziehen, halbieren und in Streifen schneiden. Den Apfel schälen, vierteln, entkernen und in Spalten schneiden. Die Leber im heißen Fett ungewürzt von allen Seiten scharf anbraten. Die Zwiebel und die Apfelscheiben dazugeben und 2 Minuten mitbraten. Mit der Brühe ablöschen, das Dinkelmehl darübersieben und gleichmäßig einrühren, einmal kurz aufkochen lassen und mit den Gewürzen noch ca. 5 Minuten ziehen lassen. Den Fenchel putzen, waschen und längs in dünne Scheiben schneiden. In etwas Gemüsebrühe ca. 15 Minuten dünsten. Mit der Schaumkelle herausnehmen, abtropfen lassen und zusammen mit der Leber auf einem Teller anrichten.

Hinweis: Die Leber verschiedener Tiere hat besondere Heilkräfte. Abgesehen von dem natürlichen Eisengehalt, der für Menschen mit einer Blutarmut, also einer Eisenmangelanämie, wichtig ist, beschreibt Hildegard folgende Einsatzmöglichkeiten:

◎ Hühnerleber: Immunschwäche und Darmentzündungen
◎ Hirsch- und Rehleber: Rheuma
◎ Rinder- oder Kalbsleber: zur Kräftigung des Körpers
◎ Schafsleber: bei Verschleimung und Verdauungsschwäche

Grüner Bohnenhacktopf mit Pfiff

◎ Für 3 Portionen
◎ Zubereitungszeit: ca. 50 Minuten

250 g Kidney-Bohnen (vom Vortag eingeweicht), 300 g grüne Bohnen, 1 Zwiebel, 2 EL Öl, 300 g Rinderhack, Salz, Pfeffer, 1 Msp. Galgant, 1 Msp. Bertram, 1 Msp. Quendel, etwas Cayennepfeffer, 75 ml Sahne

Die Kidney-Bohnen am Abend zuvor und über Nacht in Wasser einweichen. Die grünen Bohnen putzen, waschen, in 2 cm lange Stücke schneiden und in Salzwasser 20 Minuten garen. Die Kidneybohnen ebenfalls in Salzwasser 45 Minuten garen. In der Zwischenzeit die Zwiebel häuten und fein würfeln. In heißem Fett andünsten und das Hackfleisch dazugeben. Krümelig anbraten und würzen. Die grünen Bohnen und die Kidney-Bohnen abtropfen lassen und zum Fleisch geben. Die Sahne unterziehen und servieren. Dazu paßt geröstetes Dinkelbrot oder Dinkeltoast.

Hinweis: Bei Magen-Darmschleimhaut-Entzündungen und Hämorrhoiden empfiehlt Hildegard den Sud gekochter Bohnen (z. B. grüne Bohnen). Das Kochwasser der Bohnen wird also nicht weggeschüttet, sondern mit Gemüsen, etwas Fett und einem Eigelb zu einer guten Suppe zubereitet.

Hildegard-Empfehlung

»Die Bohne ist warm, und für gesunde und starke Menschen ist sie gut zu essen, und sie ist besser als die Erbse. Denn wenn die Kranken die Bohne essen, schadet sie ihnen nicht sehr, weil sie nicht so viel Flüssigkeit und Schleim in ihnen bereitet wie die Erbse dies tut. Das Bohnenmehl ist gut und nützlich für den kranken und gesunden Menschen, weil es leicht ist und mühelos verdaut werden kann. Aber wer Schmerzen in den Eingeweiden hat, der koche die Bohne in Wasser unter Beigabe von etwas Fett oder Öl, und nach Entfernen der Bohne schlürfe er die warme Brühe. Dies tue er oft, und es heilt ihn innerlich.«

Quarkauflauf mit Obst

◎ Für 2 Portionen
◎ Zubereitungszeit: ca. 20 Minuten
◎ Backzeit: ca. 45 Minuten

200 g Quark, 1/8 l Vollmilch, 3 EL Dinkelgrieß, 2 EL brauner Rohrzucker, 1 EL Sonnenblumenkerne, 2 Eiweiß, 1 Prise Salz, 250 g Kirschen, Butter für die Form

Den Quark, die Milch, den Grieß, den Zucker und die Sonnenblumenkerne verrühren. Das Eiweiß mit einer Prise Salz sehr steif schlagen und unter die Quarkmasse heben. Die Kirschen waschen und entsteinen. Eine Auflaufform mit Butter ausfetten und die Hälfte der Quarkmasse einfüllen. Das Obst darauf verteilen. Die restliche Quarkmasse darüber streichen. Im Backofen bei 200 °C ca. 45 Minuten goldbraun garen.

Tip: Man verwendet am besten den braunen, ungebleichten Vollrohrzucker. Eine Tasse Kräutertee, gesüßt mit braunem Rohrzucker, hat wohltuende Eigenschaften bei Erkältungskrankheiten. Ein Hustenbonbon aus Rohrzucker hat schleimlösende Wirkung auf Nase oder Lunge.

Diesen Hustenlöser kann man auch selbst herstellen: Braunen Rohrzucker in einem Topf langsam schmelzen lassen. Einige Tropfen der ausgewählten natürlichen ätherischen Pflanzenöle (z. B. Salbei, Pellargonie, Thymian, etc.) einrühren. In ausgefetteten Eiswürfelförmchen aus Metall oder lebensmittelechtem Hartkunststoff einfüllen und abkühlen lassen. Vorsichtig herausdrücken.

Die Verwendung des Honigs als süßendes Lebensmittel kann nicht uneingeschränkt empfohlen werden.

Hildegard-Empfehlung

»Im Menschen, der fettleibig ist und zu starkem Fleischansatz neigt, erzeugt der Honig, oft gegessen, einen Faulstoff (z. B. hohe Cholesterinwerte). Wer aber mager und dürr ist, wird nicht zu leiden haben, wenn der Honig erhitzt wird.«

Hildegard-Empfehlung

»Solange der Zucker noch roh ist und aus ihm noch kein Nahrungsmittel gemacht wurde, trockne man ihn im Sommer an der Sonne und im Winter über heißen Steinen, damit er dürr werde. Wer ihn danach ißt oder trinkt, den heizt er wieder auf. Wer im Gehirn oder an der Lunge leidet und so verschleimt ist, daß er sich nicht durch die Nase reinigen noch aushusten kann, dem reinigt er, gegessen oder getrunken, das Gehirn und verhilft seiner Brust zur reinigenden Schleimlösung.«

Beeren im Grießhemd

◎ Für 4 Portionen
◎ Zubereitungszeit: ca. 30 Minuten
◎ Backzeit: ca. 45 Minuten

1/2 l Milch, 125 g Dinkelvollkorngrieß, 1 Prise Salz, 100 g Johannisbeeren, 100 g Himbeeren, 2 Äpfel, 3 Eier, 1 Prise Salz, 50 g brauner Rohrzucker, 1/2 TL Zimt, 1 Msp. gemahlene Nelke, 1 Msp. gemahlene Muskatnuß, 1 EL gehackte Mandeln, 10 g Butter, Fett für die Form

Die Milch, den Grieß und das Salz unter Rühren zum Kochen bringen. Zugedeckt bei schwacher Hitze ca. 10 Minuten quellen lassen. Anschließend abkühlen. Die Beeren verlesen, waschen und abtropfen lassen. Die Äpfel waschen, halbieren, das Kerngehäuse entfernen und in Spalten schneiden. Die Eier trennen, das Eiweiß mit einer Prise Salz steif schlagen. Die Eidotter mit dem braunen Rohrzucker und den Gewürzen cremig schlagen. Das Obst, die Eigelbmasse und den Grieß miteinander vermengen. Vorsichtig das steife Eiweiß unterheben. Eine feuerfeste Auflaufform ausfetten und die Masse einfüllen, glattstreichen. Die gehackten Mandeln und die Butterflöckchen darauf verteilen. Den Backofen auf 180 °C einschalten und den Auflauf auf dem mittleren Rost ca. 45 Minuten goldbraun backen.

Tip: Anstelle der im Rezept verwendeten Beeren können Sie je nach Jahreszeit Kirschen, Brombeeren, Schlehen oder Maulbeeren verwenden.

Mohn-Dinkelflocken-Knödel mit Sauerkirschen

◎ Für 4 Portionen
◎ Zubereitungszeit: ca. 1 Stunde

2 EL frisch gemahlener Mohn, 100 ml Milch, 60 g Butter, 125 g Quark, 1 Prise Salz, 2 Eier, 75 g feine Dinkelflocken, 500 g Sauerkirschen, 60 g Zucker, 1/2 TL Zimt, 1 Msp. Bourbon-Vanille, 1/8 l Rotwein, 2 EL gehackte Mandeln, 20 g Puderzucker

Den frisch gemahlenen Mohn in der Milch aufkochen und abkühlen lassen. 20 g weiche Butter mit dem Quark, 1 Ei und 1 Eigelb, 1 Prise Salz und dem Mohn verrühren. Die Dinkelflocken unterrühren und ca. 30 Minuten lang quellen lassen. Inzwischen die Sauerkirschen waschen, entkernen und mit dem Rotwein, dem Zucker und den Gewürzen kurz aufkochen lassen. Das Kompott kalt stellen. Das Eiweiß mit 1 Prise Salz zu steifem Schnee schlagen und vorsichtig unter die Quarkmasse heben. Aus der Masse 4 gleich große Knödel formen und in siedendem Salzwasser ca. 20 Minuten garen. Die restliche Butter erhitzen und die Mandeln darin leicht anrösten. Die Knödel aus dem Wasser heben und gut abtropfen lassen. Mit dem Kompott und den gerösteten Mandeln anrichten. Leicht mit Puderzucker bestreuen.

Hinweis: Die Kirschen dürfen in der Hildegard-Küche gegessen werden. Sie haben zwar keine besonderen Heilkräfte, aber sie schaden auch nicht. Sollten Sie die Kirschen jedoch nicht so gut vertragen oder gar Bauchschmerzen davon bekommen, dann rät uns Hildegard sogleich nach dem Essen einen Schluck guten Wein zu trinken.

Auch gegen Darmwürmer weiß Hildegard Rat.

Hildegard-Empfehlung

»Wenn jemand Kirschen ißt, soll er gleich genügend Wein trinken, damit ihr Saft durch den Wein unterdrückt wird und er selber durch diesen Saft nicht zu Schaden kommt.«

»Aber wer in seinem Bauch Würmer hat, lege diese Kirschkerne (Kern des aufgeknackten Kirschkernes) in Essig und esse sie oft nüchtern, und die Würmer in ihm werden sterben.«

Gemischtes Beerenkompott

◎ Für 8 Portionen
◎ Zubereitungszeit: ca. 30 Minuten

100 g brauner Rohrzucker, 1/2 l Sauerkirschsaft, 1 EL Zitronensaft, 1/2 TL Zimt, 1 Msp. Bourbon-Vanille, 500 g gemischte Beeren (Johannisbeeren, Brombeeren, Himbeeren)

Den braunen Rohrzucker in einem Topf mit einem festen Boden langsam karamelisieren lassen. Sobald er völlig geschmolzen ist, den Sauerkirschsaft zugießen. Den wieder hart gewordenen Karamel so lange im Saft kochen, bis er sich wieder aufgelöst hat. Den Zitronensaft und die Gewürze einrühren. Die Beeren verlesen, waschen und gut abtropfen lassen. Einmal kurz mitaufkochen und dann abkühlen lassen.
Das gemischte Beerenkompott kann man mit frisch gebackenen Dinkelpfannkuchen und flüssiger Sahne servieren.

Hinweis: Die beliebten Beeren sollten in der gesunden Vollwertküche Hildegards stets verwendet werden.

Hildegard-Empfehlung

»Die Brombeeren verletzen weder Gesunde noch Kranke und werden leicht verdaut. Sie haben aber keine besondere Heilwirkung.«

»Und seine Frucht (des Kirschbaums) ist mäßig warm und ist weder sehr nützlich noch sehr schädlich, und dem gesunden Menschen schadet sie beim Essen nicht, dem Kranken jedoch und dem, der üble Säfte in sich hat, bereitet sie ziemlich Schmerz, wenn er viel davon ißt.«

HILDEGARD-REZEPTE FÜR DEN SOMMER

Vorspeisen

- *Überbackene Basilikumnockerl auf Fenchel*
- *Geflügelsalat mit Stangensellerie*
- *Lauwarme grüne Bohnen in Zitronenschaum*
- *Dinkelwaffeln mit Gemüse*
- *Batavia-Salat mit Hühnerbrust*
- *Fenchelsalat*

Hauptgerichte

- *Dinkelmaccaroni mit Zuckerschoten*
- *Lammfilet auf Poleiminze-Mandel-Butter mit Zucchini*
- *Gulasch mit Karotten*
- *Karotten-Fenchel-Auflauf*
- *Huhn in Curry auf Dinkelreis*
- *Dinkelpenne mit Salbeileber*
- *Kräuter-Kichererbsen-Eintopf*
- *Gefüllte Zucchini*

Desserts

- *Johannisbeeren-Dinkel-Küchlein*
- *Hüttenkäse mit Brombeeren*
- *Gemischte gebackene Früchte*
- *Apfelauflauf mit Mandelstreusel*

Überbackene Basilikum-nockerl auf Fenchel

◎ Für 4 Portionen
◎ Zubereitungszeit: ca. 1 Stunde

Salz, 80 g Butter, 125 g Dinkelvollkorngrieß, 1 Ei, 1 Bund Basilikum, 1 Msp. Bertram, 1 Msp. Quendel, 1 Knoblauchzehe, 175 g Sahne, 2 Knollen Fenchel, Bertram, 4 Eigelb, 60 g geriebenen Parmesan

300 ml Wasser mit einer Prise Salz und 40 g Butter aufkochen lassen. Den Dinkelvollkorngrieß einrühren und unter ständigem Rühren 30–35 Minuten köcheln lassen. Den Topf vom Herd nehmen und das Ei unterziehen. Die Basilikumblätter waschen und grob hacken. Eine Knoblauchzehe schälen und mit der Knoblauchpresse zerkleinern. Die gehackten Basilikumblätter, den Knoblauch, den Bertram, den Quendel und 4 EL Sahne miteinander mischen und pürieren. Die Kräutermasse unter den Grieß vermengen. Die Masse abkühlen lassen. Dann mit nassen Händen ca. 12 gleichmäßige Nockerl formen und in sprudelndes Salzwasser geben. Bei schwacher Hitze ca. 12–15 Minuten garen lassen. In der Zwischenzeit den Fenchel putzen, waschen und längs in dünne Scheiben schneiden. Die restlichen 40 g Butter in einem Topf zerlassen und die Fenchelscheiben darin zugedeckt dünsten. Die gegarten Scheiben auf ofenfeste Teller anrichten und mit etwas Salz und Bertram würzen. Jeweils einige Nockerl darauf verteilen. Den Backofen auf 200 °C vorheizen. Das Eigelb mit der restlichen Sahne verquirlen und den geriebenen Parmesan unterrühren. Diese Masse über die Nockerl und den Fenchel verteilen. Die Teller auf den mittleren Rost im Backofen stellen und 5–6 Minuten überbacken. Sofort heiß servieren.

Geflügelsalat mit Stangensellerie

◎ Für 1 Portion
◎ Zubereitungszeit: ca. 30 Minuten

75 g gebratene Puten- oder Hühnerbrust, 100 g Champignons, 2 Mandarinen, 125 g Stangensellerie

FÜR DIE MARINADE:
2 EL Vollmilchjoghurt, 2 EL Zitronensaft, Salz, Pfeffer, 1 Msp. Galgant, 1 Msp. Bertram, 1 Msp. Quendel

Die gebratene Puten- oder Hühnerbrust würfeln. Die Champignons mit einem Pinsel säubern und in Scheiben schneiden. Die Mandarinen schälen, in Spalten teilen. Den Stangensellerie putzen, waschen, in feine Scheiben schneiden und zusammen mit den Champignons kurz in etwas Salzwasser blanchieren. Das Kochwasser abgießen und das Gemüse auskühlen lassen. Alles miteinander vermengen. Den Joghurt, den Zitronensaft und die Gewürze verrühren und unter die Salatzutaten mischen. Dazu paßt frisches Dinkelbrot.

Hinweis: Die Säftelehre ist in der Hildegard-Heilküche Dreh- und Angelpunkt eines gesund funktionierenden Stoffwechsels. Wir kennen in unserem Stoffwechsel viele »Säfte« (Speichel, Magensaft, Gallensaft oder Blut). Alle Körpersäfte erfüllen bedeutende Funktionen bei der Verdauung und Aufbereitung unserer Nahrung. Deren richtige Zusammensetzung und ordnungsgemäßes Miteinander gewährleistet einen guten Stoffwechsel. Gerät diese Ordnung aus den Fugen, z. B. durch schlechte oder krank machende Ernährung oder ein Zuviel an Nahrung, wird der Stoffwechsel gestört, der Mensch erkrankt.

Hildegard-Empfehlung

»Es gibt vier Säfte. Die zwei dominierenden werden Phlegma genannt und die zwei, die danach kommen, werden Schleim genannt. ... Denn der erste Saft beherrscht auf diese Weise den zweiten. Diese beiden heißen Phlegma. Der zweite Saft beherrscht den dritten und der dritte den vierten. Diese zwei, nämlich der dritte und der vierte, heißen Schleim. Die stärkeren übertreffen bei ihrem Überfluß die schwächeren, und die schwächeren wirken aufgrund ihrer Schwäche mäßigend auf deren Überfluß ein. Wenn der Mensch sich so befindet, ist er gesund.«

»Aus einem Saft oder zwei oder drei kann der Mensch nicht bestehen, sondern aus vier, damit sie sich gegenseitig regulieren.«

Lauwarme grüne Bohnen in Zitronenschaum

◎ Für 2 Portionen
◎ Zubereitungszeit: ca. 45 Minuten

500 g grüne Bohnen, 1 Bund Bohnenkraut, 1/8 l Gemüsebrühe, 100 g Butter, 1 TL abgeriebene Zitronenschale einer unbehandelten Zitrone, Saft einer halben Zitrone, 1 Eigelb, Salz, Pfeffer, Muskat, 1 Msp. Bertram, 1 Msp. Quendel

Die Bohnen putzen und waschen. Das Bohnenkraut waschen und die Blätter von den Stielen zupfen. Etwa die Hälfte der Blättchen für die Sauce beiseite legen. Die Gemüsebrühe zum Kochen bringen. Die Bohnen und das Bohnenkraut hinzufügen, einmal aufkochen und zugedeckt ca. 15 Minuten gar kochen. In der Zwischenzeit die restlichen Blättchen fein hacken. Die Butter zerlassen und warm halten. Die Bohnen abgießen und dabei die Garflüssigkeit auffangen. Die Bohnen auf einer Platte warm stellen. Die Garflüssigkeit mit dem Zitronensaft und dem Eigelb zu einer schaumigen Masse schlagen. Die flüssige Butter unter ständigem Schlagen langsam zugeben. Die Zitronenschale und das fein gehackte Bohnenkraut hinzufügen und unterziehen. Mit Salz, Pfeffer, Muskat, Bertram und Quendel abschmecken. Den fertigen Zitronenschaum über die warmen Bohnen gießen und servieren. Dazu paßt geröstetes Dinkelbrot.

Tip: Die lauwarmen grünen Bohnen passen gut zu Lammkotelett mit gerösteten, gehackten Mandeln. In diesem Fall eignet sich die Vorspeise auch als Hauptgericht und hat nebenbei wenig Kalorien.

Dinkelwaffeln mit Gemüse

◎ Für 2–3 Portionen
◎ Zubereitungszeit: ca. 30 Minuten
◎ Backzeit: wenige Minuten

1 Knolle Fenchel, 200 g Karotten, 1 Zwiebel, 200 g Dinkelvollkornmehl, 1/4 l Milch, 4 EL Sahne, 2 Eier, Salz, Pfeffer, Muskat, 1 Msp. Bertram, 1 Msp. Quendel

Den Fenchel putzen und die Karotten schälen. Beides waschen und fein auf der Gemüsereibe raffeln. Die Zwiebel abschälen und fein würfeln. Das zerkleinerte Gemüse in ein sauberes Küchentuch geben und kräftig auspressen. Das Dinkelvollkornmehl mit der Milch, der Sahne, den Eiern, dem Gemüse, der Zwiebel und den Gewürzen verrühren. Mit Salz und etwas Pfeffer abschmecken. Das Waffeleisen gut vorheizen. Je 2 Eßlöffel der Teigmasse in das Eisen geben und goldbraun backen. Dazu kann man frischen Kräuterquark oder Kopfsalat reichen.

Hinweis: Das Vollkornmehl enthält alle guten Inhaltsstoffe des ganzen Korns. Je weißer das Mehl, desto weniger Nährstoffe enthält es. Hildegard beschreibt diesen Verlust beim Weizen. Dinkelprodukte können aus Vollkornmehl, Grieß oder Schrot sein, sogar als Auszugsmehl behält der Dinkel seine guten Kräfte. Soweit es die Rezepte erlauben, sollten wir in der Hildegard-Küche Dinkelvollkornmehl bevorzugen.

Hildegard-Empfehlung

»Der Weizen ist warm und vollkommene Frucht, so daß in ihm kein Mangel ist. Und wenn man rechtes Mehl (Vollkornmehl) aus Weizen macht, dann ist das aus diesem Mehl gemachte Brot gut für Gesunde und Kranke und bereitet rechtes Fleisch und rechtes Blut im Menschen. Aber wer aus dem Mehl den Markdunst, das ist das Semmelgrieß, herausschüttet, und aus diesem Dunst (Weißmehl, Auszugsmehl) Brot macht, dann ist jenes Brot kraftloser und schwächer, als wenn es aus dem rechten Mehl gemacht wäre, weil der Dunst seine Kräfte einigermaßen verlieren wird und mehr Schleim im Menschen bereitet als das rechte Weizenmehl ...«

»Der Dinkel ist das beste Getreide ... und wie auch immer die Menschen ihn essen ... er ist gut und mild.«

Batavia-Salat mit Hühnerbrust

◎ Für 4 Portionen
◎ Zubereitungszeit: ca. 30 Minuten

1 Kopf Batavia-Salat, 2 Orangen, 2 Hühnerbrustfilets, 2 EL Sonnenblumenöl, 1 kleine Zwiebel, 2 EL Zitronensaft, Salz, Pfeffer, 1 Msp. Bertram, 4 EL gehackte Brunnenkresse, 2 EL saure Sahne

Den Salat putzen, waschen und abtropfen lassen. Die Salatblätter zerkleinern. Die Orangen schälen und in Spalten teilen. Die weißen Teile möglichst entfernen. Die Hühnerbrust in Öl scharf anbraten, aus dem Öl nehmen. Abkühlen lassen, danach in Streifen schneiden. Die Zwiebel schälen, fein würfeln und im restlichen heißen Öl andünsten. Den Salat mit den Orangenfilets und den gedünsteten Zwiebeln vermengen. Den Zitronensaft mit den Gewürzen, der gehackten Brunnenkresse und der sauren Sahne verrühren und unter den Salat mischen. Die Hühnerbruststreifen auf dem Salat anrichten. 10 Minuten ziehen lassen. Dazu paßt Dinkeltoast.

Hinweis: Besonders in der kalten Jahreszeit oder in den Übergängen der Jahreszeiten benötigt der Körper besonders viel Schutz vor Infektionen und Erschöpfungszuständen. Die medizinische Wissenschaft hat im Vitamin C einen bedeutenden Zellschutzstoff und Immunaktivator erkannt. Hildegard von Bingen wußte dies schon vor knapp 900 Jahren.

Hildegard-Empfehlung

»Das Essen der Citrusfrucht räumt im Menschen mit den Fieberstoffen auf.«

Fenchelsalat

◎ Für 4 Portionen
◎ Zubereitungszeit: ca. 15 Minuten

150 g Vollmilchjoghurt, 1 EL Zitronensaft, 1 Msp. Bertram, 1 Msp. Poleiminze, Salz, 2 EL Sonnenblumenöl, 2 EL Kürbiskerne, 1 säuerlicher Apfel, 2 Knollen Fenchel, 1 Orange

Das Joghurt, den Zitronensaft, die Gewürze und das Öl vermischen. Die Kürbiskerne ohne Fett in der Pfanne rösten. Den Apfel waschen, vierteln und das Kerngehäuse entfernen. Die Apfelviertel in kleine Scheiben schneiden. Den Fenchel putzen, waschen, halbieren und längs in feine Streifen schneiden. Die Orange filetieren und ebenfalls in Spalten teilen. Das Obst, das Gemüse und die Kerne in einer Schüssel mischen und die Salatsauce darübergießen. Gut durchziehen lassen und kalt servieren.

Tip: Als Variante bieten sich statt Kürbiskernen gehackte Walnüsse und statt Orangen auch Datteln an. Die Walnüsse stärken den Körper in seinem Wachstum und bereiten ein fröhliches Gemüt. Dennoch warnt uns Hildegard vor dem Verzehr, wenn wir Erkrankungen an der Lunge haben, wie z. B. Bronchitis oder Asthma. Mit den Datteln sollte man in der Küche maßvoller umgehen.

Hildegard-Empfehlung

»Wie immer auch gegessen, roh oder gekocht, macht er (der Fenchel) den Menschen fröhlich und vermittelt eine angenehme Durchblutung, guten Körpergeruch und eine gute Verdauung.«

»Von den Walnüssen nimmt der Schleim zu, so daß er die Brust des Menschen mit Sekret, das heißt Schleim, füllt.«

»Wer Datteln gekocht ißt, bringt seinem Körper fast soviel Kraft wie durch Brot. Aber sehr leicht machen sie kurzatmig und beschweren, wenn man zuviel davon ißt.«

Dinkelmaccaroni mit Zuckerschoten

◎ Für 2 Portionen
◎ Zubereitungszeit: ca. 35 Minuten

200 g Dinkelmaccaroni, Salz, 250 g Zuckerschoten, 1 kleine Zwiebel, 1 Knoblauchzehe, 20 g Butter, frische Zitronenmelisse, 1 Bund Dill, 150 g Crème fraîche, 1 Msp. Bertram, 1 Msp. Quendel, 100 g Putenschinken gekocht

Die Nudeln in reichlich Salzwasser 10 Minuten garen, abgießen und abtropfen lassen. Die Zuckerschoten putzen und waschen und in Stücke schneiden. Die Zwiebel abziehen und fein würfeln. Die Zwiebelwürfel und Zuckerschoten in heißer Butter andünsten, salzen. Die Crème fraîche einrühren und bei geschlossenem Deckel 12–15 Minuten garen. Die Kräuter waschen und fein hacken. Den Putenschinken in dünne Streifen schneiden. Kurz vor dem Ende der Garzeit die Kräuter, die durchgepreßte Knoblauchzehe und die Gewürze unter das Gemüse rühren und die Schinkenstreifen untermischen. Die Nudeln auf Teller anrichten und mit der Gemüsesauce vermengen.

Hinweis: Essen und Trinken hält Leib und Seele zusammen. Hildegard von Bingen erklärt uns auf das Genaueste, was in unserem Körper während des Genießens einer Speise geschieht.

Hildegard-Empfehlung

»Wenn der Mensch ißt und trinkt, dann führt ein im Menschen lebendig angelegtes Leitungssystem den Geschmack aufwärts zu seinem Gehirn und erwärmt es, indem es seine feinen Gefäße ausfüllt. Die übrigen Bestandteile dieser Speisen und Getränke, die in den Magen gelangen, erwärmen das Herz, die Leber und die Lunge .... Wenn also ein Mensch ißt und trinkt, werden seine Gefäße mit dem Saft von Speisen und Getränken ausgefüllt und erwärmt, und jener Saft wärmt in den Gefäßen das Blut und die Flüssigkeit, und das Blut, das im Fleisch ist, zieht vom Saft in den Gefäßen seine rote Farbe an.«

Lammfilet auf Poleiminze-Mandel-Butter mit Zucchini

◎ Für 4 Portionen
◎ Zubereitungszeit: ca. 30 Minuten

800 g Lammfilet, 1 Bund Poleiminze, 100 g gemahlene Mandeln, 200 g weiche Butter, Salz, Pfeffer aus der Mühle, 1 Prise Cayennepfeffer, 1 Msp. Bertram, je 1 Msp. Quendel, 2 EL Öl, 2 größere Zucchini, Salz, Pfeffer

Das Lammfilet kalt abspülen, trockentupfen und in Scheiben schneiden. Die Poleiminze waschen, von den Stielen zupfen und fein hacken. Die Minze mit den gemahlenen Mandeln unter die weiche Butter rühren und mit den Gewürzen abschmecken. In ein kleines Töpfchen geben und im Kühlschrank kalt stellen. Das Lammfilet ebenfalls würzen und im heißen Öl unter Wenden durchbraten. Dabei immer wieder mit dem Bratensaft bestreichen. Nach der Bratzeit warm stellen. Die Zucchini putzen, waschen, in Längsscheiben schneiden, salzen und leicht pfeffern und im Bratenfett andünsten, bis sie weich sind (Gabeltest). Das heiße Gemüse mit dem Filet auf Teller anrichten und mit der Poleiminze-Mandel-Butter servieren.

Hinweis: Mandeln sind keine Nüsse. Wer gegen Nüsse allergisch ist, muß daher nicht unbedingt auf Mandeln allergisch reagieren. Sie können auch geschälte Mandeln verwenden, die in der Regel sehr gut verträglich sind.

Tip: Sie können das Lammfilet auch am Tag zuvor in einen Rotwein-Wassersud mit Lorbeer, Salbei und Wacholder einlegen. Den Sud zum Kochen jedoch nicht wiederverwenden, da sich laut Hildegard die Schleimstoffe darin lösen.

Hildegard-Empfehlung

»Das Schaf, ob Widder oder Lamm, ist kalt, aber dennoch wärmer als das Rind und hat keine Bitterkeit und Herbheit. Sein Fleisch ist für Gesunde und Kranke gut zu essen. Wer am ganzen Körper schwach ist und wessen Adern krank sind, der schlürfe oft die Schafsfleischbrühe und esse mäßig Schafsfleisch, und wenn er sich erholt hat, esse er genügend davon, wenn er will. Das Fleisch ist im Sommer gut zu essen ... im Winter taugt es aber nicht zum essen.«

»Wer ein leeres Gehirn hat und eine schlechte Gesichtsfarbe und daher Kopfweh hat, esse oft süße Mandeln (ca. 8–10 Stück täglich), und sie füllen ihm das Gehirn und geben ihm eine gute Gesichtsfarbe. Aber auch wer lungenkrank ist oder an der Leber leidet, esse oft Mandeln, roh oder gekocht, und sie kräftigen die Lunge, weil sie den Menschen in keiner Weise belasten, sondern ihn stärken.«

Gulasch mit Karotten

◎ Für 4 Portionen
◎ Zubereitungszeit: ca. 45 Minuten

800 g Fleisch vom Rind, Lamm oder von der Pute, 300 g Karotten, 150 g kleine Zwiebeln, 1 EL Öl, 3/4 l Gemüsebrühe, Salz, Pfeffer, 1 Lorbeerblatt, 1/2 TL Bertram, 1/2 TL Quendel, 1/2 TL Galgant, 2 EL saure Sahne

Hildegard-Empfehlung

»Will einer Rindfleisch essen, soll es frisch sein, und falls es Sommer ist, muß es einen Tag lang, falls es Winter ist, eine Nacht lang in Wasser gelegt werden, weil das Wasser allen Schlier, der in diesem Fleisch steckt, entfernt.«

»Das Rindfleisch taugt wegen der Kälte, die es in sich hat, nicht zum Essen für den kalten Menschen. Für den gut durchbluteten aber, der von Natur aus warm ist, ist es wegen der Kälte, die im Fleisch ist, gut zu essen.«

Das Fleisch abspülen, trockentupfen und grob würfeln. Die Karotten putzen, waschen und in große Stücke schneiden. Die Zwiebeln abziehen und achteln. Das Fleisch in heißem Fett im Schnellkochtopf anbraten. Das Gemüse und die Zwiebeln dazufügen, würzen und mit der Gemüsebrühe aufgießen. Einmal aufkochen lassen und den Schnellkochtopf verschließen. Bei Druckstufe 2 ca. 30 Minuten (bei Pute nur ca. 10 Minuten) garen. Die Herdplatte abschalten, den Dampfdruck langsam entweichen lassen und den Deckel vorsichtig öffnen. Die saure Sahne unterziehen, eventuell nochmals abschmecken. Das Gulasch mit Dinkelbandnudeln, Dinkelspirelli oder Dinkelhörnchen servieren.

Hinweis: Hildegard weist uns darauf hin, daß Menschen mit einer schlechten Durchblutung auf Rind- oder Kalbfleisch verzichten sollten, da es sie eher noch mehr auskühlt. Alle roten Fleischarten enthalten besonders viel Cholesterin und Fett, weshalb der Verzicht bei allen Personen mit Arteriosklerose besonders wichtig ist.

Eine Frischzellenkur für alle Gelenke, Knorpel und Knochen ist die hildegardische Kalbsfußknochensuppe. Fein zubereitet mit frischem Gemüse und Dinkelnudeln kann man den gefürchteten Altersabnützungserscheinungen trotzen.

Karotten-Fenchel-Auflauf

◎ Für 2 Portionen
◎ Zubereitungszeit: ca. 45 Minuten

300 g Fenchel, 300 g Karotten, 1 kleine Zwiebel, Butter für die Form, 2 Eier, 125 g saure Sahne, 1 Bund Petersilie, Salz, Pfeffer, Muskat, 1 Msp. Bertram, 50 g geriebener Käse, z. B. Emmentaler

Den Fenchel und die Karotten putzen, waschen und in dünne Scheiben schneiden. Beides in Salzwasser 3–5 Minuten blanchieren. Dann abtropfen lassen. Das Fenchelgrün grob hacken. Die Zwiebel abziehen, halbieren und in dünne Streifen schneiden. Alles in einer gefetteten Auflaufform vermischen. Die beiden Eier mit der sauren Sahne verquirlen, die Gewürze unterrühren. Die Masse über das Gemüse gießen und mit dem geriebenen Käse bestreuen. Im Backofen bei 200 °C ca. 20–30 Minuten überbacken. In der Zwischenzeit die Petersilie waschen und hacken. Über den fertigen Auflauf streuen. Dazu kann man gegarte Dinkelkörner oder Dinkelreis servieren.

Hinweis: Die Karotte oder Mohrrübe gehört zu den Lebensmitteln bei Hildegard, die den Bauch füllen, aber keine besonderen Heilwerte haben. Da wir aber bei unseren Mahlzeiten auch satt werden wollen, bereichert uns die Karotte um eine gut schmeckende Zutat.

Fenchelgemüse fördert die Verdauung, reinigt den Magen-Darm-Kanal von Fäulnisstoffen und Darmgasen und bindet einen Überschuß an Magensäure. Fenchel ist außerdem krampflösend und hilft nach falscher Ernährung.

Hildegard-Empfehlung

»Aber wenn jemand gebratenes Fleisch oder gebratenen Fisch oder etwas anderes Gebratenes gegessen hat und davon Schmerzen bekommt, dann esse er alsdann Fenchel oder seinen Samen, und es wird weniger schmerzen.«

Huhn in Curry auf Dinkelreis

◎ Für 1 Portion
◎ Zubereitungszeit: ca. 20 Minuten

100 g Hähnchenbrustfilet, 2 Mandarinen, 1 TL Öl, 1/8 l Gemüsebrühe, 100 g Erbsen, Salz, Curry, 1 Msp. Bertram, 1 Msp. Quendel, 1 Msp. Galgant, 2 EL Sahne

Das Hähnchenbrustfilet waschen, trockentupfen und in Streifen schneiden. Mandarinen schälen und in Spalten zerteilen. Das Fleisch in heißem Öl anbraten. Mit der Gemüsebrühe angießen und die Erbsen dazugeben. Kurz aufkochen lassen. Die Gewürze und die Sahne unterrühren und bei kleiner Hitze garen lassen. Kurz vor Ende der Garzeit die Mandarinenspalten in die Sauce geben und darin wärmen. Dazu paßt gekochter Dinkelreis.

Hinweis: Hähnchenfleisch ist ideal, wenn man auf die Linie achten sollte. Wer mit den Blutfettwerten Probleme hat, sollte zusätzlich auch die Haut des Hühnchens weglassen, da sich das meiste Fett unter der Haut befindet.

Hildegard-Empfehlung

»Hühnerfleisch ist gut für Gesunde, da es nicht fett macht. Die Kranken erfrischt es. Nur wer sehr schwer krank ist und solches Fleisch oft ißt, dem verschleimt es seinen Magen-Darm, und es macht ihn krank. ... Wenn einer sehr krank ist, soll er es mit anderem Fleisch kochen, damit es von diesem Saft temperiert wird, da Hühnerfleisch trocken ist. Gebraten soll es der Kranke meiden, weil er es kaum verdauen kann. Die Henne ist als Speise für Kranke besser als der Hahn, weil das Hennenfleisch zarter ist. Wer aber gesund ist, kann von beidem essen.«

Dinkelpenne mit Salbeileber

◎ Für 4 Portionen
◎ Zubereitungszeit: ca. 25 Minuten

250 g Dinkelpenne, Sonnenblumenöl, Salz, 300 g Hühnerleber oder Kalbsleber, 1 EL Öl, 40 g Butter, ca. 20 Salbeiblätter, 1/2 TL Bertram, 1/2 TL Quendel, Salz, Pfeffer aus der Mühle, 2 große Knoblauchzehen

Die Dinkelpenne in sprudelnd kochendem Salzwasser mit einem Schuß Sonnenblumenöl bißfest kochen. In der Zwischenzeit die Leber kalt abspülen, in Streifen schneiden und die Sehnen entfernen. Die Salbeiblätter waschen, von den Stielen zupfen und grob hacken. Das Öl und die Butter in einer Pfanne erhitzen und die Leber bei milder Hitze ungewürzt von allen Seiten nur ca. 2 Minuten anbraten, da sie später noch in der Sauce nachgart. Aus der Pfanne nehmen und warm stellen. Die gehackten Salbeiblätter in die Pfanne geben, kurz anrösten und dann mit etwas Nudelwasser ablöschen. Die Sauce mit den Gewürzen abschmecken und die gepreßten Knoblauchzehen unterziehen. Die Leber wieder in die Sauce geben und bei abgeschalteter Herdplatte noch einige Minuten nachziehen lassen. Die gegarten Penne abseihen und abtropfen lassen. Mit der heißen Lebersauce vermengen und sofort servieren. Als Beilage können Sie Salat, z. B. Lollo rosso mit Balsamessig und Kürbiskernöl, servieren.

Kräuter-Kichererbsen-Eintopf

◎ Für 4 Portionen
◎ Zubereitungszeit: ca. 2 Stunden

200 g Kichererbsen, 1 1/2 l Gemüsebrühe, 1 Zwiebel, 1 Lorbeerblatt, 2 Knoblauchzehen, 3 EL Quendelblättchen, 1 Bund Liebstöckel, 1 Msp. Bertram, Salz, Pfeffer, 200 g Dinkelsuppennudeln, 1 Bund Petersilie

Die Kichererbsen über Nacht in 1 1/2 Liter Wasser einweichen. Am nächsten Tag das Wasser abgießen, verwerfen und in 1 1/2 Liter Gemüsebrühe aufkochen. Die Zwiebel abziehen, halbieren und in Streifen schneiden. Die Zwiebelstreifen und das Lorbeerblatt dazugeben und noch ca. 1 Stunde weich kochen. Den Quendel waschen und die Blättchen von den Stielen zupfen. Den Liebstöckel waschen und fein hacken. Die Knoblauchzehen pressen. Am Ende der Garzeit die Kräuter und die gepreßten Knoblauchzehen dazugeben. Mit dem Pürierstab einmal kurz durchmixen, so daß ein Teil der Kichererbsen verquirlt wird. Mit den Gewürzen abschmecken und auf abgeschalteter Herdplatte nachziehen lassen. Die weichgekochten Nudeln in die Suppe geben und in Tellern anrichten. Die Petersilie waschen, grob hacken und über die Suppe streuen.

Tip: Frischer Quendel besitzt ein leicht zitroniges Aroma und kann wie Gartenthymian in der Küche eingesetzt werden. Falls kein frischer Quendel vorhanden ist, können Sie auch getrocknetes Quendelpulver verwenden. Quendel ist ein Polstergewächs und läßt sich gut als Beetumrahmung anpflanzen. Seine zartrosa Blüten duften herrlich und locken Bienen und Hummeln an.

Hildegard-Empfehlung

»Ißt ein Mensch im Sommer, wenn er innerlich sehr warm ist, sehr kalte Speisen, löst er leicht die Gicht in sich aus ... und er bildet in sich das Phlegma. Daher soll der Mensch im Sommer mäßig warme und mäßig kalte Speisen zu sich nehmen, und diese verschaffen ihm gutes Blut und gesundes Fleisch. Wenn der Mensch im Sommer, wenn er innerlich sehr warm ist, viel ißt, wird sein Blut infolge des vielen Essens übermäßig warm, die Säfte verschlechtern sich, und das Fleisch seines Körpers schwillt an und wird unnatürlich aufgetrieben. ... Wenn er also nur mäßig viel ißt, schadet es ihm nicht, sondern er bleibt gesund. ... Zu jeder Zeit soll sich der Mensch jedoch davor hüten, siedendheiße und dampfende Speisen zu essen ...«

Gefüllte Zucchini

◎ Für 2 Portionen
◎ Zubereitungszeit: ca. 45 Minuten

2 mittelgroße Zucchini, 75 g Dinkelkörner, 1/4 l Gemüsebrühe, 1 kleine Zwiebel, 125 g Karotten, 2 EL Butter, 1 Ei, Salz, Pfeffer, 1 Msp. Bertram, 1 Msp. Quendel

Die Zucchini putzen, waschen, halbieren und mit einem Teelöffel vorsichtig etwas Fruchtmark herausnehmen. Das Fruchtmark nicht wegwerfen. Die Dinkelkörner in 1/8 l Gemüsebrühe ca. 30 Minuten garen. Die Zwiebel abziehen, fein würfeln. Die Karotten putzen, waschen und kleinschneiden. Beides in 1 EL Butter andünsten. Die gegarten Dinkelkörner und das Ei dazugeben und würzen. Die Masse zugedeckt kurze Zeit ziehen lassen. Die Zucchini mit der Masse füllen und in 1 EL Butter andünsten. Die restliche Brühe aufgießen und das Zucchinimark hineingeben. Die Zucchini ca. 25 Minuten zugedeckt garen. Am Ende der Garzeit die Zucchini herausnehmen und das Fruchtmark mit einem Pürierstab zerkleinern. Nochmal abschmecken. Dazu paßt Kopfsalat.

Hinweis: Die Zucchini sind Kürbisgewächse und daher sowohl für Gesunde als auch für Kranke geeignet.

Im Sommer trinken wir in der Regel durch die Hitze mehr als im Winter. Auch dazu gibt uns Hildegard nützliche Ratschläge.

Hildegard-Empfehlung

»Im Sommer soll er (der Mensch) aber mehr als im Winter trinken, und zwar je nach der Menge und der Art der Nahrung, die er dann zu sich nimmt, weil dann die Säfte in ihm austrocknen. Das Wasser, das er dann trinkt, schadet ihm wegen der Trockenheit der Erde weniger als im Winter. Der Mensch soll im Winter, wenn er innerlich sehr warm ist und wenn er dann auch körperlich gesund ist, lauwarmes Wasser in Maßen trinken und dann eine Weile herumspazieren, damit es in ihm warm wird. Das ist für seine körperliche Gesundheit vorteilhafter, als wenn er Wein trinkt. Wer aber im Sommer körperlich krank ist, soll mit Wasser gemischten Wein oder Bier trinken, weil ihn das mehr erquickt, als wenn er Wasser trinkt. Der Mensch soll sich aber zu jeder Zeit ... davor hüten, übermäßig viel zu trinken.«

Johannisbeeren-Dinkel-Küchlein

◎ Für 8 Portionen
◎ Zubereitungszeit: ca. 20 Minuten

3 Eier, 125 g Dinkelvollkornmehl, 40 g brauner Zucker, 200 ml Milch, 1 Prise Salz, 50 g gehackte Mandeln, 1 EL Rum, 375 g Johannisbeeren, 100 g Butter

Die Eier trennen, das Eiweiß mit einer Prise Salz zu einem steifen Schnee schlagen. Das Eigelb mit dem darübergesiebten Mehl, der Milch, dem Zucker, den gehackten Mandeln und dem Rum verrühren. Den Eischnee vorsichtig unterheben. Die Johannisbeeren verlesen, waschen und gut abtropfen lassen. Einige Beeren zur Dekoration aufbewahren, die anderen unter den Teig ziehen. Die Butter in einer Pfanne heiß werden lassen und aus dem Teig nach und nach kleine Küchlein herausbacken. Gegebenenfalls mit zwei Pfannen arbeiten. Die fertigen Küchlein auf Teller anrichten, mit den übrigen Johannisbeeren verzieren und mit etwas Puderzucker bestreuen. Dazu paßt Vanilleeis.

Hildegard-Empfehlung

»Die Johannisbeere ist sehr warm. Ihre Frische und Säfte kann man allein nicht gebrauchen, solange sie nicht mit anderen Pflanzen und Aromen gemischt werden. Dann bekommen diese Beeren einen noch größeren Nutzwert.«

Hüttenkäse mit Brombeeren

◎ Für 4 Portionen
◎ Zubereitungszeit: ca. 10 Minuten

500 g körniger Frischkäse, abgeriebene Schale einer unbehandelten Zitrone, 2 EL brauner Rohrzucker, 1 Msp. Bourbon-Vanille, 200 g Schlagsahne, 350 g Brombeeren, Kakao zum Bestreuen

Den Frischkäse abtropfen lassen. Mit der Zitronenschale, dem Zucker und der Bourbon-Vanille verrühren. Die Schlagsahne steif schlagen und unter den Frischkäse heben. Die Brombeeren verlesen, waschen und in einem Sieb abtropfen lassen. Die abgetropften Früchte wechselweise mit dem Frischkäse in Gläser schichten. Mit Kakao bestreuen.

Hinweis: Zur Verwendung von Milchprodukten gibt uns Hildegard einige Informationen. Sollten Sie mit bestimmten Käsesorten bis heute Probleme in der Verträglichkeit haben, achten Sie auf Hildegards Ratschläge! Bei einer generellen Unverträglichkeit von Milcheiweiß empfiehlt Hildegard das Gewürz Mutterkümmel (Kreuzkümmel, siehe Kräuter und Gewürze, Seite 24) diesen Speisen beizumischen.

Margarine, Back- oder Bratenfette und sonstige gehärtete Fette werden in der Hildegard-Küche nicht verwendet (Siehe Tabelle Seite 20).

Weiterführende Informationen finden Sie im Literaturverzeichnis.

Hildegard-Empfehlung

»Die aus der Milch gepreßte Butter hat eine feine Farbe. Kuhbutter ist besser und gesünder als die von Schafen und Ziegen.«

»Auch einem gesunden Menschen, der nur einen mäßigen Fleischansatz hat, ist es gut, Butter zu essen. Wer aber zu dick ist, esse Butter mäßig, damit er nicht noch dicker davon werde. Milch, Butter und Käse von der Kuh kann ein Gesunder und ein Kranker essen, wenn er das richtige Maß einhält.«

»Einem Menschen, der ein gesundes und festes Fleisch an seinem Leib hat, dem schadet es nicht viel, wenn er harten und trockenen Käse ißt. Jenem anderem aber, der ein weiches und fettes Fleisch hat, schadet es nicht, wenn er einen weichen und frischen Käse ißt.«

Gemischte gebackene Früchte

◎ Für 4 Portionen
◎ Zubereitungszeit: ca. 40 Minuten

2 Äpfel, 2 Orangen, 100 g Trauben (weiß oder rot), 2 Eier, 250 g Sahnequark, 3 EL brauner Rohrzucker, 1/2 TL Bourbon-Vanille, 2 EL Dinkelgrieß, Schale einer unbehandelten Zitrone, 1 EL gehackte Mandeln, etwas Puderzucker

Die Äpfel waschen, vierteln, entkernen und in dünne Scheiben schneiden. Die Orangen schälen und in Spalten teilen, dabei die weißen Teile entfernen. Die Trauben waschen und halbieren. Die Eier trennen. Das Eigelb mit dem Quark, dem Zucker, der Bourbon-Vanille, dem Grieß und der Zitronenschale verrühren. Das Eiweiß mit 1 Prise Salz steif schlagen und unter die Quarkmasse ziehen. Die Früchte in eine Auflaufform geben, die Masse darauf verteilen und im Backofen bei 200 °C 20 Minuten überbacken. Mit gehackten Mandeln und Puderzucker überstreuen.

Hinweis: Die Hildegard-Küche legt großen Wert auf die Subtilität, den Heilwert, den die Lebensmittel durch den Verzehr liefern.

Alte runzelige Äpfel sind, selbst wenn sie roh sind, für gesunde oder kranke Menschen gut geeignet. Frische rohe Äpfel können dem kranken Menschen eher schaden. Sie sollten daher gekocht oder gebraten werden.

Hildegard-Empfehlung

»Die Frucht des Apfelbaumes wächst vom Tau, wenn dieser in seiner Vollkraft steht, denn aus jenem Tau, dessen Wirkung sich vom ersten Schlaf der Nacht bis beinahe gegen die Morgendämmerung erstreckt, wachsen die erquickenden Äpfel. Weil sie von einem kraftvollen Tau schon gekocht wurden, sind sie auch roh für gesunde Menschen gut zu essen.«

Apfelauflauf mit Mandelstreusel

◎ Für 4 Portionen
◎ Zubereitungszeit: ca. 20 Minuten
◎ Backzeit: ca. 35 Minuten

125 g Butter, 100 g Dinkelvollkornmehl, 75 g gemahlene Mandeln, 75 g brauner Rohrzucker, 1 TL Zimt, 1 Prise Salz, abgeriebene Schale einer 1/2 unbehandelten Zitrone, 4–5 Äpfel, 4 EL flüssige Sahne

Die Butter in einem Topf bei schwacher Hitze schmelzen lassen. Das Dinkelmehl, die gemahlenen Mandeln, den Zucker, den Zimt, das Salz und die Zitronenschale in einer Schüssel vermengen. Die zerlassene Butter darübergeben und alles kräftig miteinander vermischen. Mit dem Knethaken des Handrührgerätes zu Streuseln verarbeiten. Die Äpfel waschen, halbieren, das Kerngehäuse entfernen und in Spalten schneiden. In eine feuerfeste Form dachziegelartig hineinlegen. Mit der flüssigen Sahne übergießen und die Streusel darauf verteilen. Die Form auf den mittleren Rost in den Backofen stellen und auf 200 °C einschalten. Anschließend den Auflauf ca. 35 Minuten goldbraun backen.

Hinweis: Zimt verleiht den Speisen eine angenehme, würzige Note. Besonders beliebt ist Zimt in Süßspeisen wie Apfelkücherl, aber auch in Gemüse oder Fleischgerichten ist er wohlschmeckend.

Tip: Zusätzlich zu dem Teelöffel Zimt kann man noch 1/4 TL Nelkenpulver und 1/4 TL geriebenes Muskatnußpulver in den Streußelteig kneten. Diese Gewürzkombination gibt dem Körper Energie und stärkt die Nerven. Man nennt sie die hildegardischen Energiegewürze.

Hildegard-Empfehlung

»Der Zimt ist auch sehr warm und hat starke Kräfte ... und wer ihn oft ißt, dem mindert er die üblen Säfte ...«

HILDEGARD-REZEPTE FÜR DEN HERBST

Vorspeisen

- *Bunte Bohnensuppe mit Äpfeln*
- *Feldsalat mit Grapefruit*
- *Dinkel-Karotten-Suppe*
- *Rote-Bete-Suppe*

Hauptgerichte

- *Geschnetzeltes mit Apfel und Fenchel*
- *Dinkelpuffer mit Kürbisgemüse*
- *Lebergulasch süß-sauer*
- *Weiße dicke Bohnen mit Karottengemüse*
- *Putenrouladen mit Karottengemüse*
- *Rote Bete mit Mandelsauce*
- *Dinkelnudel-Hackfleisch-Auflauf*
- *Fenchel mit Kräuterkruste*
- *Gefüllter Dinkelkürbis*
- *Kürbissuppe mit Lamm*

Desserts

- *Dinkelvollkorn-Hefekloß mit Birnenkompott*
- *Apfeltarte*
- *Gebratener Dinkelgrießquark mit Kompott*

Bunte Bohnensuppe mit Äpfeln

◎ Für 4 Portionen
◎ Zubereitungszeit: ca. 25 Minuten

250 g Kidney-Bohnen, 250 g grüne Bohnen, 1 kleine Zwiebel, 2 säuerliche Äpfel, 2 EL Öl, 1 l Gemüsebrühe, Salz, Pfeffer, 1/2 TL Bertram, 1/2 TL Quendel, Majoran, Bohnenkraut, 8 Scheiben Putenschinken

Die Kidney-Bohnen eine Dreiviertelstunde im Schnellkochtopf garen, dann abgießen. Die grünen Bohnen putzen, waschen und in Stücke schneiden. Die Zwiebel abziehen und würfeln. Die Äpfel waschen, vierteln, das Kernhaus entfernen und in Scheiben schneiden. Den Majoran und das Bohnenkraut waschen und hacken. Das Öl erhitzen, die Zwiebel darin andünsten. Die grünen Bohnen dazugeben und mit der Brühe aufgießen. Die Suppe 10 Minuten garen. Die geschnittenen Äpfel hinzufügen und weitere 5 Minuten garen. Die vorbereiteten Kidney-Bohnen, die Gewürze und die Kräuter in die Suppe geben und etwas ziehen lassen. In der Zwischenzeit den Schinken in Streifen schneiden und in wenig Öl leicht anbraten. Die heiße Suppe mit den Schinkenstreifen servieren.

Hinweis: In der Hildegard-Küche setzt man das Bohnenkraut am besten frisch im Herbst ein. Es dient zur Vorbeugung von Gicht, Rheuma oder auch der Schüttellähmung (Parkinson-Krankheit).

Hildegard-Empfehlung

»Ein Mensch, der von Gicht geplagt wird, so daß seine Glieder ständig bewegt werden, der pulverisiere Bohnenkraut, und diesem Pulver gebe er weniger Kümmelpulver bei als Salbeipulver, und so mische er diese Pulver gleichzeitig in Honigwürze, und er trinke das oft nach dem Essen, und es wird ihm bessergehen.«

Feldsalat mit Grapefruit

◎ Für 4 Portionen
◎ Zubereitungszeit: ca. 20 Minuten

200 g Feldsalat, 2 Grapefruits, 2 EL Sonnenblumenkerne, Saft von 1 Orange, Saft von 2 Zitronen, 1 TL brauner Rohrzucker, 6 EL Sonnenblumenöl

Den Feldsalat putzen, waschen und gut abtropfen lassen. Die Mandarinen schälen und die weiße Haut mitentfernen. In Spalten teilen. Den Salat mit den Mandarinenspalten und den Sonnenblumenkernen vermischen. Aus dem Orangen- und Zitronensaft, dem Zucker und dem Öl eine Sauce verrühren und über den Salat gießen. Etwas ziehen lassen.

Hinweis: Der Feldsalat gehört zur Familie der Baldriangewächse. Man nennt ihn auch Rapunzel oder Nüsslisalat. In einigen Kochbüchern wird der Chinakohl als Salat verwendet. Weil er jedoch eine Kohlart ist, sollten wir die Bedenken Hildegards beachten. So mancher Genießer reagiert auf Sauerkraut mit Verdauungsproblemen.

Hildegard-Empfehlung

»Der Baldrian ist warm und feucht. Und wer sogar an Brustfellentzündung leidet, oder jener, der von der Gicht Schmerzen hat ..., der esse es oft, und die Brustfellentzündung und die Gicht werden in ihm weichen, so daß es ihm bessergeht.«

»Kochkohle sind von feuchter Natur ... und ihr Saft ist eher unnütz, und in den Menschen werden Krankheiten von ihnen erzeugt, und schwache Eingeweide werden verletzt. Aber wenn gesunde Menschen, die starke Adern haben und nicht sehr fett sind, diese essen, können sie dieselben durch ihre Kräfte bewältigen. Aber für fette Menschen sind sie schädlich.«

Dinkel-Karotten-Suppe

◎ Für 3 Portionen
◎ Zubereitungszeit: ca. 20 Minuten

1 kleine Zwiebel, 250 g Karotten, 2 EL Butter, 1/2 l Gemüsebrühe, 150 ml Sahne, 3 EL Dinkelvollkornmehl, Salz, Muskat, 1 Msp. Bertram, 1 Msp. Quendel

Die Zwiebel abziehen, würfeln. Die Karotten putzen, waschen und grob raspeln. Beides in heißer Butter andünsten. Die Gemüsebrühe aufgießen und Sahne hinzufügen. Zudecken und 10 Minuten köcheln lassen. Das Dinkelvollkornmehl (möglichst frisch gemahlen) einrühren, aufkochen und weitere 5 Minuten garen. Mit Salz, Muskat, Bertram und Quendel würzen.

Hinweis: Die Palette der Dinkelprodukte wird immer vielfältiger. Von Körnern, Mehl, Schrot, Reis (Kernotto), Grieß, Flocken, Nudeln, Brot und Gebäck erhalten Sie bereits alles aus reinem Dinkel. Welchen Mehltyp Sie bevorzugen (Vollkornmehl, Type 1050-630-405, Dinkeldunst), hängt vom Geschmack, den Rezepten und den gewünschten Inhaltsstoffen ab. In frisch gemahlenem Vollkornmehl sind alle Wert- und Faserstoffe des ganzen Korns enthalten. Je geringer die Typezahl ist, desto weniger Faserstoffe sind im Mehl. Dennoch enthält aber das Dinkelweißmehl (Type 405) mehr Mineralien und Eiweiß als das Weizenweißmehl.

Durch zu hohe Temperaturen, die während des Mahlens in der Getreidemühle entstehen können, kommt es leicht zu einem Verlust an hitzeempfindlichen Inhaltsstoffen (z. B. Vitaminen). Auch zu lange Aufbewahrungszeiten führen zu diesem Mangel.

Rote-Bete-Suppe

◎ Für 4 Portionen
◎ Zubereitungszeit: ca. 30 Minuten

1 kleine Zwiebel, 75 g Dinkelreis, 1 EL Sonnenblumenöl, 3/4 l Gemüsebrühe, 250 g rote Bete, 1/2 TL ganzer Mutterkümmel, 100 g Sahne, Salz, Pfeffer, Muskatnuß, 1 Msp. Bertram, 1 Msp. Quendel

Die Zwiebel schälen und fein würfeln. Das Öl erhitzen und die Zwiebel darin andünsten. Den Dinkelreis dazugeben und kurz anbraten. Mit der Gemüsebrühe aufgießen, kurz aufkochen und zugedeckt bei schwacher Hitze garen. In der Zwischenzeit die rote Bete waschen, abschälen und raspeln. Die rote Bete und den Mutterkümmel in der Suppe aufkochen und wiederum bei mittlerer Hitze ca. 5 Minuten zugedeckt garen. Die Sahne einrühren und mit dem Mixer einmal kurz rühren, damit die Suppe etwas sämig wird. Mit Salz, Pfeffer, Muskatnuß, Bertram und Quendel würzen und in Tellern anrichten.

Hinweis: Pfeffer und Salz gehört in jede Küche. Hildegard warnt jedoch vor einem ubermaßigen Einsatz.

Tip: Die Suppe bekommt einen pikant säuerlichen Geschmack, wenn Sie filetierte Orangenscheiben und geröstete Mandeln dazugeben.

Hildegard-Empfehlung

»Der Pfeffer ist sehr warm und trocken ... und schadet, viel gegessen, dem Menschen und verursacht in ihm Brustfellentzündung, und er gibt die Säfte in ihm preis und bereitet üble Säfte in ihm ... und wem vor Speisen ekelt, so daß er nicht essen will, dann soll dieser in irgendeiner Speise mit Brot mäßig Pfeffer essen, und es wird ihm an der Milz besser gehen und er wird den Ekel vor dem Essen ablegen.«

Geschnetzeltes mit Apfel und Fenchel

◎ Für 2 Portionen
◎ Zubereitungszeit: ca. 20 Minuten

2 Putenschnitzel, 1 Knolle Fenchel, 1 Apfel, 1 EL Butter, 1/2 Becher Sahne, 75 ml Gemüsebrühe, Salz, Pfeffer, 1 TL Koriander, 1 Msp. Bertram, 1 Bund Petersilie

Die Putenschnitzel waschen, abtupfen und in Streifen schneiden. Den Fenchel putzen, waschen, halbieren und längs in dünne Streifen schneiden. Den Apfel waschen, entkernen und würfeln. Das Fleisch im heißen Fett anbraten, den Fenchel und den Apfel dazugeben, kurz andünsten. Mit der Gemüsebrühe aufgießen, die Sahne einrühren, die Gewürze hinzufügen und alles 10 Minuten schmoren lassen. Am Ende der Garzeit die gehackte Petersilie darüberstreuen. Mit Dinkelreis oder Dinkelspätzle servieren.

Tip: Frisches Korianderkraut verleiht dem Geschnetzelten eine würzig aromatische Note. Das Kraut wächst bevorzugt im milden Mittelmeerklima. Wer möchte, kann es auch in einem Blumentopf auf der Fensterbank ziehen.

Sie können sich ihre eigene Kräuterpaste herstellen. Dazu brauchen Sie frische Gartenkräuter, wie z. B. Basilikum, Dill, Petersilie, Schnittlauch, Salbei, Poleiminze und Quendel. Die Kräuter werden sorgfältig gewaschen und sehr fein gehackt. Rühren Sie so viel Sonnenblumenöl ein, bis sich eine gleichmäßige zähe Kräutermasse bildet. Mit Salz, Pfeffer, etwas Zitronensaft und eventuell mit gepreßtem Knochblauch würzen. Bei Bedarf kann man die fertige Masse auch mit einem Püriergerät etwas mixen.

Dinkelpuffer mit Kürbis-gemüse

◎ Für 3 Portionen
◎ Zubereitungszeit: ca. 40 Minuten

200 g Dinkelschrot, 2–3 Karotten, 200 ml Gemüse-brühe, 1 Ei, 300 g Kürbis, 1 Zwiebel, 2 EL Butter, Salz, Pfeffer, Muskat, 1/2 TL Bertram, 1/2 TL Quendel, Majoran getrocknet oder frisch, 1 EL geröstete Kürbiskerne, 3 EL Öl

Die Zwiebel abziehen und fein würfeln. Die Karotten putzen, waschen und würfeln. Beides in 1 EL heißer Butter dünsten. Den Dinkelschrot zugeben und etwas anschwitzen. Mit der Gemüse-brühe aufgießen, bis eine dicke Masse entsteht. Die Herdplatte abschalten und ständig umrühren, damit sich die Masse nicht anlegt. Die Gewürze, das Ei und die Kräuter hinzufügen, gut vermengen und ziehen lassen. Den Kürbis schälen, entkernen und würfeln. Die Kürbiswürfel in dem zweiten EL heißer Butter andünsten. Mit Quendel, Bertram und Salz würzen und ca. 8 Minuten garen. Die Kürbiskerne dazugeben. Aus der Masse nach und nach im heißen Öl ca. 12 kleine Puffer in der Pfanne ausbacken. Dazu das Kürbisgemüse essen.

Hildegard-Empfehlung

»Die Kürbisse sind trocken und kalt und wachsen von der Luft. Und sie sind für Kranke und Gesunde gut zu essen.«

Lebergulasch süß-sauer

◎ Für 3 Portionen
◎ Zubereitungszeit: ca. 30 Minuten

500 g Leber nach Wahl (Kalb, Pute, Hähnchen), 2 Zwiebeln, 1 kleine Ananas, 1 Apfel, 3 EL Öl, 1/8 l Gemüsebrühe, 1/2 Tasse Apfelsaft, Salz, Pfeffer, Curry, 1 Msp. Galgant, 1 Msp. Bertram, 2–3 EL Dinkelmehl

Die Leber abspülen, trockentupfen. Die Zwiebeln abziehen und in Streifen schneiden. Den Apfel schälen, vierteln, entkernen und in Spalten schneiden. Die Ananas putzen und würfeln. Die Leber in heißem Öl von allen Seiten anbraten. Die Zwiebel und die Apfelspalten dazugeben und ebenfalls kurz andünsten. Mit der Brühe und dem Apfelsaft ablöschen, 5 Minuten garen. Die Ananaswürfel zufügen, würzen und mit Dinkelmehl andicken. Dazu paßt Dinkelreis.

Hinweis: Bei Hildegard werden wir über exotische Früchte wie die Ananas, die Papaya, die Kiwi, die Banane, die Avocado oder andere Südfrüchte nichts lesen können. Zum einen liegt das sicherlich daran, daß diese Früchte hierzulande nicht wachsen. Andererseits überließ uns Hildegard mit ihren Texten zu unseren Küchenzutaten wertvolle Informationen zu den Nahrungsmitteln unseres christlichen Abendlandes. Wir werden uns diese Lebensmittel und Heilmittel zunutze machen, die wir sozusagen vor der Haustüre finden können. Möchten Sie exotische Früchte verwenden, sollte Hildegards Küchengesetz vom rechten Maß absolute Priorität haben. Einige Zutaten oder auch Gewürze aus der Hildegard-Küche stammen dennoch aus asiatischen Ländern (z. B. Galgant). Der Handel mit dem Orient hat den Zugang zu diesen Heilmitteln zur damaligen Zeit ermöglicht.

Weiße dicke Bohnen mit Karottengemüse

◎ Für 4 Portionen
◎ Zubereitungszeit: ca. 1 1/2 Stunden

200 g weiße Bohnen, 100 g Putenschinken, 1 EL Öl, 2 große Zwiebeln, 250 g Karotten, 1/2 l Gemüsebrühe, 150 g Crème fraîche, Salz, Pfeffer, Muskat, 1/2 TL Bertram, 1/2 TL Quendel, 1 Msp. Mutterkümmel, 1 Bund Petersilie

Die weißen Bohnen über Nacht in reichlich Salzwasser einweichen. Am nächsten Tag abgießen und die Gemüsebrühe ca. 1 Stunde bei milder Hitze garen. Den Putenschinken würfeln und im heißen Öl anbraten. Die Zwiebeln schälen, halbieren und in Streifen schneiden. Zu den gebratenen Schinkenwürfeln geben und glasig andünsten. Die Karotten putzen, waschen, schälen und in dünne Scheiben schneiden. Die gegarten Bohnen abgießen, mit den Karottenscheiben in den Topf geben und mit der Brühe angießen. Die Crème fraîche unterrühren und bei milder Hitze 20 Minuten weiter garen. Mit den Gewürzen abschmecken. Die Petersilie waschen und grob hacken. Den Eintopf in Suppentellern anrichten und die gehackte Petersilie unterrühren.

Tip: Zwiebeln geben dem Essen oftmals erst den richtigen Pfiff. Doch nicht jeder kann sie gut vertragen. Besonders eine gereizte Magenschleimhaut wird auf Zwiebeln empfindlich reagieren.

Hildegard-Empfehlung

»Die Zwiebel hat nicht die rechte Wärme, sondern scharfe Feuchtigkeit ... und roh ist sie so schädlich und giftig zu essen wie der Saft unnützer Kräuter. Gekocht ist sie gesund zu essen, weil durch das Feuer das Schädliche, das in ihr ist, vermindert wird. Gut gekocht ist sie für jene gut, die Schüttelfrost oder Fieber oder Gicht haben. Jenen aber, die magenkrank sind, bereitet sie sowohl roh als auch gekocht Schmerzen, weil sie feucht ist.«

Putenrouladen mit Karottengemüse

◎ Für 2 Portionen
◎ Zubereitungszeit: ca. 30 Minuten

FÜR DIE ROULADEN:
2 Putenschnitzel, 2 TL fein gehackte Kräuter (z. B. Salbei, Basilikum, Quendel, Poleiminze), 2 Scheiben Putenschinken gekocht, 2 EL Öl, Salz, Pfeffer, 1/2 l Gemüsebrühe, 1 Tasse Weißwein, 2 EL Crème fraîche, 2 EL Dinkelmehl, 1 Msp. Bertram, 1 Msp. Quendel

FÜR DAS GEMÜSE:
1 Bund Karotten, 1 Bund frische Petersilie, 1 TL Butter, 1/2 Tasse Gemüsebrühe

Die Putenschnitzel waschen und trockentupfen. Mit den fein gehackten Kräutern bestreuen, leicht salzen und pfeffern. Den Putenschinken darauf legen und aufrollen. Die Rouladen mit Holzstäbchen oder Holzzahnstochern zusammenstecken. Im heißen Öl rundherum anbraten. Die Gemüsebrühe und den Weißwein angießen und 20 Minuten schmoren lassen. Das Dinkelmehl unter Rühren darübersieben und die Crème fraîche einrühren. Mit Bertram und Quendel würzen. Etwas nachziehen lassen.

Die Karotten putzen, waschen und würfeln. Kurz in heißer Butter anbraten und mit der 1/2 Tasse Gemüsebrühe aufgießen und leicht würzen. Zugedeckt 10 Minuten garen. Zwischendurch umrühren. Die frische Petersilie waschen und hacken. Über die gegarten Möhren streuen. Dazu passen schmale oder breite Dinkelbandnudeln.

Rote Bete mit Mandelsauce

◎ Für 4 Portionen
◎ Zubereitungszeit: ca. 35 Minuten

500 g rote Bete, 70 g Butter, 1 EL Honig, Salz, Pfeffer, Muskat, 1/2 TL Bertram, 1/2 TL Quendel, 1/2 Bund frischer Majoran, 100 g gemahlene Mandeln, 2 Knoblauchzehen, 1/8 l Gemüsebrühe, 150 g Sahne, 50 g ganze Mandeln

Die rote Bete waschen, schälen und in schmale Spalten schneiden. (Eventuell Gummihandschuhe verwenden, da sich der Saft nur schwer von der Haut entfernen läßt.) 10 g Butter zerlassen und mit dem Honig verrühren. Das zerkleinerte Gemüse dazugeben und zugedeckt bei schwacher Hitze ca. 20 Minuten dünsten. Die rote Bete herzhaft mit den Gewürzen abschmecken. Die Majoranblättchen waschen, von den Stielen zupfen und fein hacken. Die gemahlenen Mandeln in einer Pfanne ohne Fett unter ständigem Rühren hellbraun rösten. Danach 30 g Butter zugeben. Die Gemüsebrühe und die Sahne zu den Mandeln geben und alles miteinander gut vermischen und ca. 2 Minuten köcheln lassen. Die Knoblauchzehen abziehen, durch die Presse drücken und in die fertige Sauce einrühren. Zum Schluß mit den Majoranblättchen und den Gewürzen gut abschmecken. Die ganzen Mandeln stifteln und in der restlichen Butter heiß werden lassen. Die rote Bete auf einem Teller anrichten und mit der Mandelsauce und den gerösteten Mandeln servieren. Dazu können Sie ein Lamm- oder Rehfilet und Dinkelreis reichen.

Hildegard-Empfehlung

»Für Gesunde und Kranke ist Knoblauch heilsamer zu essen als Lauch. Und er muß roh gegessen werden, denn wer ihn kochen würde, machte daraus sozusagen verdorbenen Wein ...«

Dinkelnudel-Hackfleisch-Auflauf

◎ Für 2–3 Portionen
◎ Zubereitungszeit: ca. 45 Minuten

200 g grüne Dinkelbandnudeln, Salz, Butter für die Form, 1 Zwiebel, 1 Knoblauchzehe, 400 g Rinderhackfleisch, 2 EL Öl, 200 g Champignons, 1 Msp. Bertram, 1 Msp. Galgant, 1 Msp. Quendel, Salz, Pfeffer, 3–4 Tomaten, 200 g Sahne, 1 Ei, 75 g geriebener mittelalter Gouda

Die Dinkelbandnudeln in Salzwasser bißfest garen und abtropfen lassen. In eine gefettete Auflaufform geben. Die Zwiebel und die Knoblauchzehe abziehen, die Zwiebel fein würfeln, die Knoblauchzehe durch die Presse drücken. Das Rinderhackfleisch mit den Zwiebelwürfeln in heißem Öl krümelig anbraten. Am Ende der Bratzeit den Knoblauch und die Gewürze unterrühren und kurz ziehen lassen. Die Champignons putzen, waschen und in Scheiben schneiden. Die Dinkelbandnudeln mit dem gebratenen Hackfleisch und den Champignonscheiben in der Auflaufform vermengen. Die Tomaten waschen, achteln, den Stielansatz entfernen und auf dem Auflauf verteilen. Sahne und Ei verquirlen und über die Masse gießen. Mit dem geriebenen Käse bestreuen und ca. 20 Minuten im Backofen bei 200 °C überbacken.

Hinweis: In manchen Rezepturen werden anstelle von Zwiebeln die Schalotten verwendet. Hildegard rät davon ab.

Hildegard-Empfehlung

»Die Schalotte ist kalt und giftig und taugt weder dem Gesunden noch dem Kranken zum Essen.«

Fenchel mit Kräuterkruste

◎ Für 3 Portionen
◎ Zubereitungszeit: ca. 30 Minuten
◎ Backzeit: ca. 40 Minuten

3 Knollen Fenchel, 1 EL Zitronensaft, 1/2 l Gemüsebrühe, Salz, Pfeffer, 1 Msp. Bertram, 1 Msp. Quendel, je 1 Bund Basilikum, Quendel, Kerbel, 200 g Champignons, 100 g frisch geriebener Bergkäse, 5 EL Sahne, 1 Msp. Galgant, 10 g Butter

Von dem Fenchel das zarte Grün abschneiden und beiseite stellen. Den Fenchel waschen, halbieren und quer in dünne Streifen schneiden. Mit dem Zitronensaft und der Gemüsebrühe in einer feuerfesten Form mischen und mit Salz, Pfeffer und den Gewürzen bestreuen. Die Kräuter waschen, eventuell von den Stielen befreien und fein hacken. Die Champignons putzen und sehr fein zerkleinern. Die Kräuter, die Pilze, den Käse und die Sahne zu einer Paste verrühren und mit etwas Salz, Pfeffer und Galgant abschmecken. Die Pilzmasse auf dem Fenchel verteilen und mit kleinen Butterflöckchen belegen. Die Form auf den Rost in die Mitte des Backofens stellen und bei 200 °C ca. 40 Minuten bißfest und schön gebräunt garen. Kurz vor Ende der Backzeit das Fenchelgrün waschen, fein hacken und das Gratin damit bestreuen.

Tip: Frische Galgantwurzel bekommt man in gut sortierten Asienläden oder auf Märkten wie dem Münchner Viktualienmarkt. Je nach Jahreszeit und Herkunftsland kann der Geschmack des Galgants von angenehmer Würze bis typischer Schärfe variieren. In der Küche wird der Galgant frisch gerieben verwendet.

Gefüllter Dinkelkürbis

◎ Für 6 Portionen
◎ Zubereitungszeit: ca. 2 Stunden

1 Kürbis ca. 2 kg, 400 g Stangensellerie, 400 g säuerliche Äpfel, 1 Tasse Dinkelkörner, 2 Tassen Gemüsebrühe, 1 Zwiebel, 3 Knoblauchzehen, 40 g Butter, 1 TL Gelbwurz, 1 TL Mutterkümmel, 1 TL Zimt, 1/2 TL Nelkenpulver, 1/2 TL Koriander, 1 Prise Muskatnuß, 1 Prise Galgant, Salz, Pfeffer, Saft einer Zitrone, 1/4 l Gemüsebrühe, 200 g Sauerrahm, 1/2 Bund Petersilie

Die Dinkelkörner in der Gemüsebrühe ca. 1 Stunde weich kochen. Den Kürbis waschen und den Deckel mit dem Stielansatz ca. 3 cm hoch abschneiden. Die Kerne entfernen und beiseite stellen. Das Kürbisfleisch bis auf einen 2 cm breiten Rand mit einem Löffel ausschälen und würfeln. Den Stangensellerie in 1 cm lange Stückchen schneiden. Die Sellerieblättchen und die Petersilie grob hacken. Die Äpfel schnitzeln und die Zwiebel fein würfeln. Die Butter in einem großen Topf zerlassen. Die Zwiebelwürfel und alle Gewürze darin leicht anbraten. Mit dem Sellerie, dem Kürbisfleisch und den Apfelschnitzen vermischen. Einige Minuten unter Wenden dünsten und mit Zitronensaft, Salz und Pfeffer abschmecken. Die geschälten Knoblauchzehen durchpressen und zusammen mit den gegarten Dinkelkörnern untermischen. Den Kürbis füllen und den Deckel darauflegen. Den gefüllten Kürbis zurück in den großen Topf setzen, die Gemüsebrühe dazugießen. Alles einmal aufkochen und zugedeckt ca. 45 Minuten schmoren. In der Zwischenzeit die Kürbiskerne waschen, abtropfen und in etwas Butter sanft anrösten. Den gegarten Kürbis portionsweise auf Teller anrichten. Den Sauerrahm zur Schmorflüssigkeit zugeben und sofort heiß zum Kürbis servieren. Mit Sellerieblättchen und Kürbiskernen bestreuen.

Kürbissuppe mit Lamm

◎ Für 4 Portionen
◎ Zubereitungszeit: ca. 1 Stunde

600 g Lammschulter oder Lammnacken ohne Knochen, 1 Zwiebel, 2 EL Dinkelmehl, 250 g Knollensellerie, 1 Petersilienwurzel, 800 g Kürbis, 2 EL Butterschmalz, 1 Msp. Galgant, 1/4 l Gemüsebrühe, Salz, Pfeffer, 1 Msp. Bertram, 1 Msp. Quendel, frischer Quendel

Das Fleisch kalt abspülen und trockentupfen. Die Zwiebel abziehen. Den Sellerie und die Petersilienwurzel schälen. Den Kürbis halbieren, entkernen und schälen. Alles würfeln. Das Fleisch im heißen Fett anbraten, Galgant darübersteuben und kurz mitanrösten. Das Gemüse zugeben, kurz andünsten und mit der Gemüsebrühe aufgießen. Das Dinkelmehl darübersieben und gleichzeitig mit den Gewürzen einrühren. Alles zusammen ca. 45 Minuten garen. Den frischen Quendel waschen, die Blättchen abzupfen und über die Suppe streuen.

Hinweis: Der Kürbis findet vielfältige Verwendung. Ob eingelegt, gebraten, geschmort, als Gemüsebeilage oder einfach nur als Suppe zubereitet – der Kürbis ist eine wohlschmeckende und gesunde Speise. Auch seine Kerne lassen sich gut verwenden. Leicht geröstet erhalten sie ihren nussigen Geschmack und werden als Heilmittel bei Prostataleiden eingesetzt. Sie besitzen einen hohen Zinkgehalt. Das ist für die Prostata genauso wichtig wie das Jod für die Schilddrüse. Bei Mangel an Jod bzw. Zink kann es zu Vergrößerungen dieser Drüsen kommen. In Österreich wird aus den gerösteten Kürbiskernen ein wertvolles Kürbiskernöl gepreßt.

Dinkelvollkorn-Hefekloß mit Birnenkompott

◎ Für 4 Portionen
◎ Zubereitungszeit: ca. 1 1/2 Stunden

300 g Dinkelvollkornmehl, 1 Würfel Hefe, 30 g brauner Rohrzucker, 1/4 l Milch, 2 Eier, abgeriebene Schale einer halben unbehandelten Zitrone, 1 Prise Salz, 1 Leinentuch und 1 Kochlöffel, etwas Butter und Mehl oder Grieß, 4–5 Birnen, 1 EL Zitronensaft, 1 Stück Zimtrinde, 2 ganze Nelken, 100 ml Wasser, 2 EL Zimt und Zucker vermischt

Die Hefe und 1 TL des Zuckers in der lauwarmen Milch auflösen und in die Mitte des Mehles geben. 10 Minuten gehen lassen. Den restlichen Zucker, die Eier, die Zitronenschale und das Salz hinzufügen und alles verkneten. Den Teig zugedeckt an einem warmen Ort etwa 45 Minuten gehen lassen, bis er sich verdoppelt hat. Ein sauberes Leinentuch in heißes Wasser tauchen, gut auswringen und mit weicher Butter bestreichen. Mit Dinkelmehl oder Dinkelgrieß bestäuben. Den Teig nochmals durchkneten und auf das Tuch legen. Weitere 15 Minuten gehen lassen. In einem hohen Topf reichlich Salzwasser zum Kochen bringen. Das Leinentuch über dem Teigkloß zusammenbinden und einen Kochlöffel durch die Tuchenden stecken. Den Hefekloß mit dem Kochlöffel so am Topfrand aufhängen, daß der Teig völlig ins Wasser taucht. Zugedeckt bei schwacher Hitze ca. 45 Minuten garen. Die Birnen vierteln, das Kerngehäuse entfernen und in etwas Wasser mit Zimtrinde, Zitronensaft und den Nelken garen. Das Kochwasser und die Gewürze abgießen und in Kompottschalen füllen. Mit Zimt und Zucker bestreuen. Den Hefekloß portioniert ebenfalls mit Zimt und Zucker anrichten. Dazu das Birnenkompott servieren.

Hildegard-Empfehlung

»Denn wenn die Kräfte des Taues bei Tagesanbruch zerfließen, dann wachsen die Birnen von jenem Tau, und daher verursachen sie auch schädliche Säfte im Menschen, wenn sie nicht gekocht werden. Wer daher Birnen essen will, soll sie in Wasser kochen oder am Feuer braten; jedoch sind die gekochten besser als die gebratenen, weil das warme Wasser den schädlichen Saft, der in ihnen ist, allmählich auskocht ... und wenn sie jemand roh zu reichlich ißt, verursacht sie Migräne im Kopf und macht die Brust dämpfig ...«

Apfeltarte

◎ Für 12 Stück
◎ Zubereitungszeit: ca. 40 Minuten
◎ Backzeit: ca. 40 Minuten

Hildegard-Empfehlung

»Ein Mensch, der bei extremer winterlicher Kälte, wenn er selber innerlich kalt ist, sehr kalte Speisen ißt, zieht sich leicht dadurch schlechte Säfte (Schwarzgalle) zu und erregt sie in sich. Wer aber sehr kalte Speisen ißt, wenn er selber innerlich kalt ist, holt sich davon das Fieber ... Wenn ein Mensch bei winterlicher Kälte essen will, soll er sich einen Raum suchen, der weder zu warm noch zu kalt, sondern richtig temperiert ist. Er soll auch weder zu heiße noch zu kalte, sondern richtig temperierte Speisen essen, und so wird er durch seine Ernährung gesund bleiben. Er soll jedoch beim Essen nicht in einem kalten Raum sitzen, weil die kalte Luft ihn krank macht, wenn er sie beim Essen einatmet. Wenn die Wärme von glühenden Kohlen beim Essen den Rücken des Menschen hinaufsteigt, ist das für ihn gesünder, als wenn die Wärme vom Feuer ihm ins Gesicht steigt...«

FÜR DEN TEIG:
200 g Dinkelmehl, 100 g Butter, 1 Ei, 2 EL brauner Rohrzucker, abgeriebene Schale einer halben unbehandelten Zitrone, Butter für die Form

FÜR DEN BELAG:
500 g säuerliche Äpfel, 50 g gehackte Mandeln, 50 g Rosinen, 2 EL Honig, 1 Msp. Zimt

Die Teigzutaten zusammen in eine Schüssel geben und kräftig verkneten. Den Mürbteig 30 Minuten kühl stellen. Eine Pie-Form fetten und den Teig gleichmäßig am Boden und am Rand verteilen und andrücken. Mit einer Gabel mehrmals in den Teigboden einstechen. Die Äpfel waschen, halbieren, entkernen und in Spalten schneiden. Mit den Apfelspalten den Teig belegen. Die gehackten Mandeln und die Rosinen darüberstreuen. Den Honig gleichmäßig über die Mandeln und die Rosinen verteilen. Mit Zimt bestreuen. Die Apfeltarte bei 200 °C oder Gasherd Stufe 3 goldbraun backen (40 Minuten). Abkühlen lassen und mit etwas flüssiger Schlagsahne servieren.

Tip: Diese süße Nachspeise eignet sich auch hervorragend als Hauptgericht, besonders zur kalten Jahreszeit.

Gebratener Dinkelgrießquark mit Kompott

◎ Für 4 Portionen
◎ Zubereitungszeit: ca. 45 Minuten

FÜR DEN PUDDING:
1/2 l Vollmilch, 6 EL Dinkelgrieß, 1 Ei, 1 Prise Salz, 1 Msp. Bourbon-Vanille, 1 Msp. Zimt, 250 g Sahnequark

FÜR DAS KOMPOTT:
500 g Äpfel, 100 ml Wasser, 3 EL brauner Rohrzucker, 1 Stück unbehandelte Zitronenschale, 1 Zimtstange, 1 Nelke

Die Milch zum Kochen bringen, den Dinkelgrieß einrühren, die Kochplatte abschalten und unter ständigem Rühren abkühlen lassen. Das Ei trennen. Das Eigelb, den Zimt, die Vanille und den Quark unter den Pudding rühren. Das Eiweiß mit 1 Prise Salz steif schlagen und vorsichtig unterheben. Für das Kompott die Äpfel waschen, halbieren, entkernen und in Spalten schneiden. Die Äpfel in Wasser, Zucker, Zitronenschale, Zimtstange und Nelke ca. 10 Minuten dünsten. Das Kompott in Schalen füllen. Die Puddingmasse in eine feuerfeste Form füllen und im Elektroherd bei 250 °C oder Gasherd Stufe 4 ca. 15 Minuten überbacken. Dazu kaltes oder warmes Kompott servieren.

Hinweis: An vielen Stellen der Hildegard-Schrift »Causae et Curae« begegnet uns der Rat, das rechte Maß zu beachten. Ein Dessert sollte somit eine wohltuende Abrundung der Mahlzeit sein.

Hildegard-Empfehlung

»Jede Speise und jedes Getränk soll man mit Anstand, richtig temperiert und mäßig zu sich nehmen, denn sonst wird der Mensch durch die verschiedenen Säfte, die in ihnen enthalten sind, geschwächt ... Auch wenn er körperlich gesund ist, soll er, wie gesagt, beim Essen und Trinken auf sich acht geben, damit er gesund bleibt ...«

HILDEGARD-REZEPTE FÜR DEN WINTER

Vorspeisen

- *Gemischter Bohnensalat mit Schafskäse*
- *Wintergemüsebrühe mit Dinkelklößchen*
- *Selleriecremesuppe*

Hauptgerichte

- *Rehsteaks mit Datteln*
- *Grüne Bohnen-Dinkel-Auflauf überbacken*
- *Grüne Dinkelband-nudeln mit Mascarponesauce*
- *Leber-Dinkel-Risotto*
- *Rotbarschfilet auf Wintersauce*
- *Hirschsteak mit Kornelkirschsauce*
- *Dinkelnudeln mit Kräuter-Fisch-Sauce*
- *Bohneneintopf*

Desserts

- *Bratäpfel*
- *Apfel-Mandel-Auflauf*
- *Süßer Dinkelauflauf*
- *Äpfel mit Mohn-häubchen*

Gemischter Bohnensalat mit Schafskäse

◎ Für 4 Portionen
◎ Zubereitungszeit: ca. 2 1/2 Stunden

300 g weiße Bohnen, 300 g rote Bohnen, 150 g Schafskäse, 1–2 Stangensellerie, 1 kleine Zwiebel, etwas Öl, 1 Bund frische Petersilie

FÜR DIE MARINADE:
6 EL Sonnenblumenöl, 3 EL Weinessig, 3 EL heißes Wasser, Salz, 1/2 TL Bertram, 1/2 TL Quendel

Die weißen und roten Bohnen getrennt über Nacht in Wasser quellen lassen. Am nächsten Tag das Quellwasser abgießen und in Salzwasser ca. 1 Stunde ebenfalls getrennt garen. Die gegarten, abgetropften und abgekühlten weißen und roten Bohnen miteinander vermischen. Den Stangensellerie in dünne Ringe schneiden, die Zwiebel schälen und würfeln. Das kleingeschnittene Gemüse in etwas Öl dünsten. Die Bohnen und das gedünstete Gemüse miteinander vermengen. Die Petersilie fein hacken. Den Schafskäse in kleine Würfel schneiden. Das Sonnenblumenöl mit dem Essig und dem heißen Wasser verquirlen und die Gewürze unterrühren. Den gewürfelten Schafskäse vorsichtig unter das Bohnengemüse mischen. Die Marinade darübergießen und 1 Stunde ziehen lassen. Vor dem Servieren nochmals abschmecken und die frisch gehackte Petersilie darüberstreuen.

Hinweis: Ein echter Hildegard-Freund muß sich nicht vegetarisch ernähren. Verschiedene Fleischsorten werden sogar empfohlen. Das rechte Maß in allen Dingen sollte jedoch gewahrt bleiben. Eine Fleisch-Mahlzeit pro Woche sollte genügen.

Hildegard-Empfehlung

»Wenn jemand Fleisch und andere überfette Speisen zu essen gewöhnt ist oder durch ihren Blutreichtum verfettete Speisen genießt, dem strömt daraus mehr Krankmachendes als Gesundmachendes zu, ... wenn man einmal Fleisch ist, so soll es unter Berücksichtigung seines Fettgehaltes und seiner Bluthaltigkeit ausgewählt werden ... denn Tierfleisch verfettet das Fleisch der Menschen, wenn es gegessen wird, mehr als andere Speisen oder auch die Getränke.«

Wintergemüsebrühe mit Dinkelklößchen

◎ Für 4 Portionen
◎ Zubereitungszeit: ca. $1^{1}/_{2}$ Stunden

1 kleine Zwiebel, 1 EL Sonnenblumenöl, 75 g geschroteter Dinkel, 150 ml Wasser, 75 g Dinkelvollkornmehl, 1 Ei, 1 EL saure Sahne, Salz, Muskatnuß, weißer Pfeffer, 1 Msp. Bertram, 1 Msp. Quendel, 1 l Gemüsebrühe, 1 Bund Schnittlauch

Die Zwiebel abziehen und fein hacken. Das Öl erhitzen. Die Zwiebel und den Dinkelschrot hinzufügen und unter Rühren anbraten. Das Wasser zugießen und weiterhin unter Rühren zum Kochen bringen, bis sich ein dicker Brei bildet. Den Topf zudecken und 20 Minuten garen, dabei ab und zu umrühren. Nach der Garzeit die Herdplatte abschalten und den Schrot 45 Minuten zugedeckt ziehen lassen. Danach mit dem Dinkelmehl, dem Ei, der sauren Sahne und den Gewürzen vermischen. Die Gemüsebrühe erhitzen und vom Teig mit zwei Teelöffeln etwa 16 Klößchen abstechen. Ein Probeklößchen in der sprudelnden Brühe garen, bis es an die Oberfläche steigt. Zerfällt es nicht, hat es die richtige Konsistenz. Andernfalls den Brei teelöffelweise mit Dinkelvollkornmehl andicken. Dann die anderen Klößchen garen. Die Brühe und die Klößchen in Teller geben und mit Schnittlauchröllchen anrichten.

Tip: Die Gemüsebrühe können Sie selbst auf Vorrat zubereiten und portionsweise einfrieren. Im Kühlschrank hält sie sich jedoch höchstens 3 Tage. An Gemüse eignet sich z. B. Karotten, Fenchel, Petersilienwurzel, Stauden- oder Knollensellerie.

Selleriecremesuppe

◎ Für 4 Portionen
◎ Zubereitungszeit: ca. 30 Minuten

500 g Sellerie, 3 EL Vollkorndinkelmehl, 1 EL Butter, 1 l Gemüsebrühe, 1 Becher Crème fraîche, Salz, Muskat, 1 Msp. Bertram, 1 EL Zitronensaft, 2 EL gehackte Mandeln

Die Sellerieknollen putzen, waschen und grob zerkleinern. Das Gemüse in heißer Butter andünsten. Mit der Gemüsebrühe ablöschen und alles 15 Minuten garen. Die Suppe mit dem Schneidestab des Handrührgerätes pürieren. Das Vollkornmehl unter Rühren über die Suppe sieben. Kurz aufkochen. Die Crème fraîche und den Zitronensaft einrühren und würzen. Die heiße Suppe in Tassen füllen und mit den gehackten Mandeln servieren.

Tip: Für all diejenigen, die es deftig mögen, kann man auch gebratene Hähnchenbruststreifen in die Suppe geben und mit etwas gehackter Petersilie bestreuen (siehe Foto).

Rehsteaks mit Datteln

◎ Für 2 Portionen
◎ Zubereitungszeit: ca. 20 Minuten

4 Rehsteaks à 60 g, 4 Datteln ohne Kern, 1 EL Butterschmalz, Salz, Pfeffer, 1 Msp. Bertram, 1 Lorbeerblatt, Wacholderbeeren, 1/2 Tasse Weißwein, 2 EL Quittengelee, 75 g Crème fraîche

Hildegard-Empfehlung

»Die Frucht des Quittenbaumes ist warm und trocken und hat eine feine Ausgeglichenheit in sich, und wenn sie reif ist, verletzt sie, roh gegessen, weder den Kranken noch den Gesunden; gekocht und gedörrt aber hilft sie dem Kranken und dem Gesunden. Wer vergichtet ist, esse fleißig die Quittenfrucht, gekocht oder gedörrt, und sie räumt mit dem Giftstoff so gründlich in ihm auf, daß die Gicht sich weder auf sein Nervensystem schlägt noch seine Gelenke zerstört oder angreift.«

Die Steaks abspülen, trockentupfen. Die Datteln halbieren. Das Fleisch in heißem Fett von beiden Seiten 3 Minuten braten. Würzen und warm stellen. Den Bratensatz mit dem Wein ablöschen. Die Konfitüre, das Lorbeerblatt und die Wacholderbeeren zufügen und etwas einkochen. Die Crème fraîche zugeben und mit den Gewürzen abschmecken. Die Steaks auf einem Teller mit jeweils einer halben Dattel belegen, die heiße Sauce darüber geben. Dazu schmecken Dinkelspätzle und Rote-Bete-Salat.

Hinweis: Die Quitte ist ein hervorragendes Heilmittel zur Vorbeugung von Rheuma und Gicht, senkt kurmäßig eingesetzt den Harnsäurespiegel, wirkt entzündungshemmend bei Magen-Darm-Leiden und Durchfallerkrankungen und verbessert eine Eisenmangelanämie.

Tip: Sie können die Steaks 1 bis 2 Tage oder über Nacht in Buttermilchbeize oder Rotweinessigmarinade einlegen. Das nimmt etwas den Wildgeschmack und macht das Fleisch noch zarter.

Grüne Bohnen-Dinkel-Auflauf überbacken

◎ Für 4 Portionen
◎ Zubereitungszeit: ca. 3 Stunden
(davon ca. 2 Stunden Garzeit für den Dinkel)

200 g Dinkelkörner, 400 ml Gemüsebrühe, 500 g grüne Bohnen, 1 Prise Salz, 1 große Zwiebel, 1 Bund frisches Bohnenkraut, Salz, Pfeffer, Muskat, 1/2 TL Bertram, 1/2 TL Quendel, 4 Eier, 50 g geriebener Parmesan oder Emmentaler

Den Dinkel mit der Gemüsebrühe in einem Topf aufkochen und zugedeckt bei schwacher Hitze ca. 1 Stunde garen. Anschließend die Herdplatte abschalten und 1 Stunde weiter ziehen lassen. Die grünen Bohnen putzen, waschen und je nach Größe halbieren oder vierteln. In einem Topf mit etwas sprudelndem Salzwasser die Bohnen ca. 4 Minuten blanchieren. Das Gemüse in ein Sieb gießen, kalt abschrecken und abtropfen lassen. Die Zwiebel schälen und fein würfeln. Das Bohnenkraut waschen und die Blättchen von den Stielen zupfen. Die Zwiebelwürfel, das Bohnenkraut und die Bohnen mit dem Dinkel vermischen. Mit den Gewürzen kräftig abschmecken. Die Eier trennen. Das Eigelb mit dem Käse verquirlen und unter die Dinkelmasse ziehen. Das Eiweiß mit einer Prise Salz zu einem steifen Schnee schlagen und vorsichtig unterheben. Die gesamte Masse in eine feuerfeste Form füllen und auf dem mittleren Rost im Backofen bei 200 °C ca. 45 Minuten schön goldbraun backen. Dazu schmeckt Kopfsalat.

Hinweis: In der Hildegard-Küche werden ausschließlich die Hühnereier gegessen. Gänse- oder Enteneier würden wie Gift wirken und Krankheiten auslösen.

Hildegard-Empfehlung

»Aber die Eier der Hühner, die Haustiere sind, können gegessen werden, jedoch mäßig, weil sie für die schwachen Eingeweide der Menschen so schädlich sind ..., weil sie ihnen wie etwas Klebriges anhaften und Schleim und Fäulnis im Magen der Menschen bereiten. Aber ein Mensch, der gesunde Eingeweide hat, wird sie verkraften können, wenn er sie ißt. ... Und auch für einen gesunden Menschen taugen mehr weiche Eier als harte, die ihm Magenschmerzen machen, einem Kranken aber taugen weder weiche noch harte zum Essen. ... Und Eidotter ist heilsamer zu essen als das Eiweiß, und auch Eidotter, mäßig hart, ist heilsamer zur Speise als ganz weich. Aber wenn ein Mensch ein rohes Ei ißt, schadet es ihm sehr, weil es Fäulnis in ihm erzeugt.«

Grüne Dinkelbandnudeln mit Mascarponesauce

◎ Für 4 Portionen
◎ Zubereitungszeit: ca. 20 Minuten

200 g grüne Dinkelbandnudeln, 1 kleine Zwiebel, 2 EL Butter, 2 Karotten, 100 g Erbsen, 75 ml Gemüsebrühe, 250 g Mascarpone, 1 TL Limettensaft, Salz, Pfeffer, 1 Msp. Bertram, 1 Msp. Quendel, frische Zitronenmelisse

Die Dinkelbandnudeln in kochendem Salzwasser bißfest garen. Abgießen. Die Zwiebel abziehen und fein würfeln. Die Karotten putzen und in kleine Würfel schneiden. Die Butter erhitzen und die Zwiebel darin andünsten. Die Karottenwürfel und die Erbsen dazugeben und kurz mitandünsten. Die Gemüsebrühe aufgießen, aufkochen und den Mascarpone einrühren. Mit dem Limettensaft und den Gewürzen abschmecken. Die frische Zitronenmelisse grob hacken und unter die Sauce rühren. Die Nudeln mit der Sauce auf Teller anrichten.

Tip: Die Erbsen gehören zu den Nahrungsmitteln, die nur mit Einschränkungen gegessen werden sollten. Sie sind ein gutes Beispiel zur Erklärung des Heilwertes der Lebensmittel im Sinne der Subtilität bei Hildegard von Bingen. Hier unterscheidet sie aufs Genaueste zwischen Gesunden und Kranken und beschreibt die Wirkung der Erbse auf den Menschen. Das rechte Maß spielt eine bedeutende Rolle.

Hildegard-Empfehlung

»Die Erbse ist kalt und verschleimt. Die Lunge macht sie etwas dämpfig. Dennoch ist sie für den Menschen, der von warmer Natur ist, gut zu essen und macht ihn stark. Für jenen aber, der von kalter Natur oder krank ist, taugt sie nicht, weil sie beim Essen zuviel Schleim erzeugt. Die Erbse ist auch für alle Kranken schädlich und hat keine Kräfte in sich, um die Kranhheiten auszutreiben. Nur den Menschen, die schwache Eingeweide haben (z. B. Bindegewebsschwäche), wird es besser gehen, wenn sie oft eine warme Erbsensuppe schlürfen.«

»Die Linse ist kalt und vermehrt gegessen weder das Mark des Menschen, noch das Blut, noch sein Fleisch, und verleiht ihm auch keine Kräfte, aber sie sättigt nur den Bauch und füllt ihn mit Wertlosem. Sie reizt die kranken Säfte in den Menschen zum Sturm.«

Leber-Dinkel-Risotto

◎ Für 2 Portionen
◎ Zubereitungszeit: ca. 35 Minuten

250 g Zucchini, 1 rote Zwiebel, 300 g Puten- oder Hühnchenleber, 2 EL Öl, 100 g Dinkelreis, 150 ml Gemüsebrühe, 50 ml Weißwein, Salz, Pfeffer, 1 Msp. Quendel, 1 Msp. Bertram, 2–3 Salbeiblätter

Die Zucchini putzen, waschen und in dünne Scheiben schneiden. Die Zwiebel abziehen und fein würfeln. Die Leber abspülen, trockentupfen und in Streifen schneiden. Die Leber und die Zwiebelwürfel im heißen Öl in einer Pfanne gut anbraten. Auf einen Teller geben. Den Reis im noch heißen Bratfett wenden und mit der Brühe und dem Wein aufgießen. Zugedeckt bei schwacher Hitze 20 Minuten garen. Die Zucchini und alle Gewürze hinzufügen und kurz mitgaren. In den letzten 5 Minuten die Leber wieder dazugeben und durchziehen lassen. Dazu passen Kopfsalat und ein trockener Weißwein.

Hinweis: Auch die Schulmedizin hat die gute Wirkung eines Gläschen Weines erkannt. Hildegard gibt uns Tips, wie man den Wein auch ohne »Nebenwirkungen« genießen kann.

Tip: Sollten Sie kräftigen Rotwein bevorzugen, können Sie selbstverständlich auch diesen verwenden. Anstelle der roten Zwiebel eignen sich auch kleine weiße oder große milde Gemüsezwiebeln.

Hildegard-Empfehlung

»Der Wein ist das Blut der Erde und ist in der Erde wie das Blut im Menschen. Er hat eine gewisse Gemeinsamkeit mit dem Blut des Menschen und leitet deshalb auch seine Wärme sehr schnell wie ein Rad aus der Blase in das Mark und versetzt es in eine äußerst brennende Hitze, so daß das Mark dann dem Blut ein heißes Lustverlangen eingibt. Deshalb soll ein Mensch, der edlen, starken Wein trinken will, ihn mit Wasser mischen, damit seine Kraft und Wärme etwas geschwächt und gemildert wird. Denn wie das Blut trocken ist und ohne das nasse Wasser nicht fließt, so trocknet auch der Wein, wenn er nicht mit Wasser vermischt getrunken wird, den Menschen aus, schadet ihm, beeinträchtigt seine körperliche Gesundheit und weckt in ihm die Fleischeslust.«

Rotbarschfilet auf Wintersauce

◎ Für 2 Portionen
◎ Zubereitungszeit: ca. 25 Minuten

2 Rotbarschfilets, Saft einer halben unbehandelten Zitrone, Salz, Pfeffer, 1 Msp. Poleiminze, 20 g Butter, 250 g Schlagsahne, 3 Orangen, 1 Msp. Bertram, 1 Prise Safran, 1–2 EL Dinkelmehl

Den Fisch kalt abspülen und trockentupfen. Mit Zitronensaft beträufeln und mit Salz, Pfeffer und Poleiminze würzen. In heißer Butter von beiden Seiten je 5 Minuten braten. Den Fisch herausnehmen und warm stellen. Die Sahne und den Saft einer Orange ins Bratfett gießen. Etwas einkochen lassen. Mit Salz, Pfeffer, Bertram und Safran würzen. Eventuell mit etwas Dinkelmehl andicken. Die restlichen Orangen schälen, filetieren und in die Sauce geben. Die Orangensauce mit dem Fisch auf einem Teller anrichten. Dazu paßt Dinkelreis und ein trockener Weißwein.

Hinweis: Die modernen Ernährungsregeln vertreten zum Teil völlig unterschiedliche Meinungen über den Tagesablauf der Nahrungsaufnahme. Hildegard kann dieser Verwirrung ein Ende bereiten.

Tip: Eine Portion deckt bereits den Tagesbedarf an Jod, den die Schilddrüse zur regelrechten Funktion und zum Aufbau von Hormonen benötigt. Wer keinen Fisch ißt, sollte seinen Jodbedarf (besonders im Alpenvorland, das ein Jodmangelgebiet ist) mit jodiertem Speisesalz decken.

Hildegard-Empfehlung

»Für einen körperlich gesunden Menschen ist es für eine gute Verdauung gut und gesund, daß er bis kurz vor Mittag oder gegen Mittag auf ein Frühstück verzichtet. Für einen Kranken, Entkräfteten und körperlich Schwachen ist es aber gut und gesund, daß er morgens frühstückt, damit er die Kräfte, die er nicht mehr hat, zumindest der Nahrung entnimmt. Auch abends kann der Mensch dieselben Speisen essen und dieselben Getränke zu sich nehmen, die er am Tag genossen hat, wenn er will. Dann soll er auch so rechtzeitig vor der Nacht essen, daß er noch seinen Spaziergang machen kann, bevor er sich schlafenlegt.«

Hirschsteak auf Kornelkirschsauce

◎ Für 4 Portionen
◎ Zubereitungszeit: ca. 25 Minuten

FÜR DEN SUD:
250 ml Wasser, 250 ml Rotwein, 1/2 Tasse Weinessig, Wacholderbeeren, 1–2 Lorbeerblätter, Salz

4 Hirschsteaks, 3 EL Sonnenblumenöl, Salz, Pfeffer, 1 Msp. Bertram, 1 Msp. Beifuß, 1 Zwiebel, 1 Wacholderbeere, 100 ml Gemüsebrühe, 1 kleinen Becher Crème fraîche, 1 EL Rotwein, 3 TL Kornelkirschmarmelade, 1 weitere Msp. Bertram, 1 Msp. Quendel, 30 g kalte Butterstückchen

Hildegard-Empfehlung

»Die Kornelkirsche verletzt keinen Menschen, denn sie reinigt und stärkt den schwachen und auch den gesunden Magen und fördert so die Gesundheit.«

»Das Rehfleisch und Hirschfleisch ist für Gesunde und Kranke gut zu essen ... es reinigt seinen Magen von Schleim und Unrat.«

Die Steaks über Nacht in einen Rotwein-Weinessig-Wassersud mit den Gewürzen einlegen. Am nächsten Tag das Fleisch herausnehmen, abtropfen lassen und in heißem Öl von beiden Seiten scharf anbraten. Anschließend unter häufigem Wenden bei mittlerer Hitze noch ca. 7–8 Minuten durchbraten. Mit den Gewürzen bestreuen und an einem warmen Ort ziehen lassen. Die Zwiebel abziehen, fein würfeln und im restlichen Bratenfett andünsten. Die Wacholderbeere kräftig zerdrücken, kurz mitdünsten, mit der Gemüsebrühe ablöschen und die Crème fraîche einrühren. Etwas einkochen. Die Gewürze, den Rotwein und die Kornelkirschmarmelade unterrühren und mit dem Pürierstab die kalten Butterstückchen untermixen. Die Steaks in Scheiben schneiden und mit der heißen Sauce sofort servieren. Dazu können Sie Dinkelspätzle reichen. Zur Dekoration eines besonderen Menüs können Sie die Steaks mit gehackten Pistazien bestreuen.

Dinkelnudeln mit Kräuter-Fisch-Sauce

◎ Für 3 Portionen
◎ Zubereitungszeit: ca. 20 Minuten

250 g Dinkelnudeln (z. B. Spirelli, Hörnchen oder Penne), Salz, 300 g Kabeljaufilet, Saft einer halben Zirone, 100 ml Milch, 100 ml Gemüsebrühe, 1 Tasse Weißwein, 25 g Butter, 1 EL Dinkelmehl, 1 Msp. Bertram, 1 Msp. Quendel, 1 Msp. Poleiminze, 2 EL fein gehackte Petersilie

Die Nudeln in Salzwasser ca. 12 Minuten garen. Das Fischfilet waschen, trockentupfen und in grobe Würfel schneiden. Mit Zitronensaft beträufeln und leicht salzen. Die Butter in einer Pfanne erhitzen und die Fischwürfel unter vorsichtigem Wenden kurz anbraten. Sofort mit Gemüsebrühe, Milch und Weißwein aufgießen und 8 Minuten bei kleiner Hitze garen. Das Dinkelmehl unter Rühren darübersieben und die Sauce etwas ziehen lassen, bis sie leicht sämig wird. Die Gewürze dazugeben, abschmecken und über die Nudeln auf einem Teller anrichten. Mit der gehackten Petersilie bestreuen. Sie können dazu Weißwein und Eissalat reichen.

Hinweise: Das Trinken von Bier und Wein ist in der Hildegard-Küche empfohlen. Bier aus Gerste und Roggen gebraut, wird bei Rheuma und Gicht eingesetzt. Das Dinkelbier findet seine Verwendung bei Durchblutungsstörungen der Nieren, des Bindegewebes und der Haut, bei Hautausschlägen, Bronchitis, niedrigem Blutdruck, Erschöpfung, Depressionen und Muskelschwund.

Ein besonderer Fröhlichmacher in der Hildegard-Küche ist der gelöschte Wein, dessen Wirkung nicht auf den Alkoholgehalt zurückgeht, da dieser verkocht.

Hildegard-Empfehlung

»Bier läßt die Fleischpartien des Menschen wachsen und macht wegen der Stärke und Güte dieses Getreidesaftes ihm eine schöne Färbung seines Gesichtes. Reines Wasser hingegen schwächt den Menschen und führt manchmal zur Verschleimung in seinem Lungenbereich, wenn er nicht gesund ist, weil das Wasser Mängel besitzt und keine große Wertigkeit hat. Wenn aber ein Mensch gesund ist, wird es ihm nicht schaden, wenn er dann manchmal Wasser trinkt.«

»Wenn aber ein Mensch zum Zorn oder zur Traurigkeit gereizt wird, soll er sogleich Wein am Feuer wärmen und mit kaltem Wasser mischen, und er wird sich leichter fühlen...«

Bohneneintopf

◎ Für 2 Portionen
◎ Zubereitungszeit: ca. 45 Minuten

200 g Hähnchenfleisch, 1 EL Öl, 1/2 l Gemüsebrühe, 100 g Dinkelreis, 400 g grüne Bohnen, Salz, Pfeffer, 1 Msp. Bertram, 1 Msp. Quendel, 1 Bund frisches Bohnenkraut

Das Fleisch waschen, trockentupfen und würfeln. Im heißen Öl anbraten. Die Brühe aufgießen, den Dinkelreis hinzufügen und zugedeckt 20 Minuten garen. In der Zwischenzeit die Bohnen putzen, waschen und in kleine Stücke schneiden. Das Bohnenkraut waschen und die Blätter abzupfen. Zum Reisfleisch das Bohnenkraut und die zerkleinerten Bohnen dazugeben und mit den Gewürzen nochmals 20 Minuten garen. Am Ende abschmekken und heiß servieren.

Hinweis: In der modernen Ernährung findet das Olivenöl zur Zubereitung von Speisen gerne Verwendung. Hildegard empfiehlt dieses Öl nur für Heilmittel. Das seltene Mandelöl wäre hingegen in der Hildegard-Küche das beste Speiseöl. Über das Sonnenblumenöl finden wir bei Hildegard keinen Nachweis, es hat sich aber als ein gut verträgliches und wohlschmeckendes Speiseöl bewährt. Alle in der Küche verwendeten Pflanzenöle sollten kaltgepreßt sein.

Tip: Dieses Rezept läßt sich auch gut mit Lammfleisch zubereiten, das man aber ca. 5–8 Minuten in heißem Öl von allen Seiten gut anbrät und die Garzeit um 10 Minuten verlängert.

Hildegard-Empfehlung

»Das Öl aus der Frucht des Ölbaumes taugt nicht viel zum Essen, weil es, wenn es gegessen wird, Übelkeit hervorruft und andere Speisen schlecht genießbar macht. Aber es ist brauchbar für viele Heilmittel.«

»Der Mandelbaum ist sehr warm ... Wer lungenkrank ist und einen Leberschaden hat, der esse oft die Kerne roh oder gekocht, und sie bringen der Lunge Kräfte, weil sie den Menschen in keiner Weise beschweren, sondern ihn stark machen.«

Bratäpfel

◎ Für 3 Portionen
◎ Zubereitungszeit: ca. 55 Minuten

3 große Äpfel, 3 EL Himbeer-, Brombeer- oder Johannisbeermarmelade, 2 EL gehackte Mandeln, 1 TL Zimt, 1 EL Rum, 1 EL Rosinen

Die Äpfel waschen und das Kernhaus von der Stielseite entfernen, so daß der Blütenansatz erhalten bleibt. Die Äpfel mit Zimt auspudern. Die Marmelade mit Mandeln, Zimt, Rum und Rosinen vermischen und in die Äpfel füllen. Die Äpfel bei 150 °C ca. 45 Minuten braten. Dazu schmeckt Vanillesauce.

Hinweis: Das Heilfasten sollte immer unter therapeutischer Leitung und Kontrolle durchgeführt werden, damit rechtzeitig gesundheitliche Probleme erkannt werden können.

Tip: Dieser Bratapfel eignet sich hervorragend als Frühstück zum sogenannten Fastenbrechen. Als erste Mahlzeit nach dem Hildegard-Heilfasten schmeckt dieser Bratapfel geradezu himmlisch. Das Fasten hat die Sinne gut geschärft, daher ist dieses erste Frühstück ein Wohlgenuß für Gaumen und Nase.

Hildegard-Empfehlung

»Wenn manche Menschen auf übertriebene Weise beim Essen enthaltsam sind, so daß sie ihrem Körper nicht die richtige, angemessene Stärkung durch das Essen gewähren, und wenn dann auch noch die einen inkonsequent und leichtfertig und die anderen mit vielen schweren Krankheitserscheinungen zu tun haben, dann kommt es manchmal vor, daß in ihrem Körper sozusagen heftige Unruhen entstehen, weil die Elemente in ihnen gegeneinander aufgebracht werden. Denn wenn bei den erwähnten Menschen das Feuer und das Wasser einander entgegenwirken, kommt es oft vor, daß sie sich in einem Gelenk oder an einer anderen Körperstelle gegenseitig bekämpfen und dort eine Beule in Verbindung mit einer Geschwulst im Fleisch entstehen lassen.«

Apfel-Mandel-Auflauf

◎ Für 4 Portionen
◎ Zubereitungszeit: ca. 20 Minuten

4 Äpfel, 2 EL brauner Rohrzucker, 1 Msp. Zimt, 2 EL Wasser, 75 g Dinkelmehl, 50 g Butter, 50 g brauner Rohrzucker, 1 Msp. Bourbon-Vanille, 30 g gehackte Mandeln

Die Äpfel schälen, vierteln, entkernen und in Spalten schneiden. Mit Zucker, Zimt und Wasser 3 Minuten dünsten. Das Dinkelmehl, die Butter, 50 g Zucker und die Vanille mit dem Knethaken eines Handrührers zu Streuseln verarbeiten. Die gehackten Mandeln mit den Streuseln vermischen. Das Apfelkompott in eine gefettete Auflaufform füllen, die Streusel darüber verteilen. Im Backofen bei 200 °C 20 Minuten überbacken. Dazu schmeckt geschlagene Sahne.

Hinweis: Ein typisches Hildegard-Frühstück ist eine warme Mahlzeit. Ob das nun ein Bratapfel, ein Dinkelgrießbrei oder dieser Apfel-Mandel-Auflauf ist, bleibt Ihre Wahl. Auf keinen Fall sollten Sie Ihren Magen-Darm-Bereich mit kaltem rohem Obst, Obstsäften oder Joghurt belasten. Das könnte auf Dauer zu Verdauungsstörungen führen und die Immunabwehr schwächen.

Hildegard-Empfehlung

»Wenn ein Mensch nüchtern ist, soll er zuerst eine Speise essen, die aus Früchten und Mehl zubereitet wurde, weil das Essen trocken ist und dem Menschen gesunde Kraft schenkt. Er soll auch zuerst ein warmes Essen zu sich nehmen, damit sein Magen warm wird, und kein kaltes Essen; denn wenn er zuerst ein kaltes Essen zu sich nimmt, macht er dadurch seinen Magen kalt, so daß er später kaum mehr durch warme Speisen erwärmt werden kann. Er soll zuerst ein warmes Essen zu sich nehmen, bis sein Magen gut durchwärmt wird. Wenn er dann eine kalte Mahlzeit ißt, verkraftet die Wärme, die seinen Magen durchzieht, die nachfolgende Kälte im Essen.«

Süßer Dinkelauflauf

◎ Für 6 Portionen
◎ Zubereitungszeit: ca. 30 Minuten
◎ Backzeit: ca. 30–40 Minuten

1 Tasse Dinkelreis, 1 Tasse Milchreis, 450 g Kirschen oder Beeren der Saison (siehe Lebensmittel-Tabelle), 250 g Äpfel, 4 EL Rotwein, 5 EL brauner Rohrzucker, 3 Eier, 1 Prise Salz, 500 g Quark, 1 TL Zimt, 1 Msp. Bourbon-Vanille, 1 TL abgeriebene Schale einer unbehandelten Zitrone

Zwei Tassen Wasser zum Kochen bringen. Den Dinkel- und Milchreis dazugeben und 20 Minuten garen. Die Kirschen (oder Beeren) waschen und eventuell entsteinen. Die Äpfel waschen, vierteln, entkernen und in Spalten schneiden. Die Früchte mit 2 Eßlöffel Zucker und 4 Eßlöffel Rotwein 3–5 Minuten dünsten. Die Eier trennen, das Eigelb mit dem restlichen Zucker schaumig rühren. Den Zimt, die Vanille und die Zitronenschale unterrühren. Den Quark und den abgetropften Reis dazugeben und vermengen. Das mit einer Prise Salz steif geschlagene Eiweiß vorsichtig unterheben. Das gedünstete Obst in eine Form füllen, die Quarkmasse darübergeben. Im Backofen bei 200 °C 30–40 Minuten überbacken.

Tip: Anstelle des Milchreis kann man auch nur Dinkelreis verwenden.

Hildegard-Empfehlung

»Die Himbeeren sind kalt und brauchbar gegen das Fieber. Wer Fieber hat und appetitlos ist, koche Himbeeren in wenig Wasser, lasse sie darin liegen und trinke diesen Saft morgens und abends und lege die in Wasser gekochten Himbeerblätter als Kompresse auf seinen Magen für eine Stunde. Das soll er drei Tage lang tun, und das Fieber wird weichen.«

Äpfel mit Mohnhäubchen

◎ Für 5 Portionen
◎ Zubereitungszeit: ca. 35 Minuten
◎ Backzeit: ca. 25 Minuten

75 g Mohnsamen frisch gemahlen, 1/8 l Milch, 1/2 TL Bourbon-Vanille, 1/2 TL Zimt, abgeriebene Schale einer halben unbehandelten Zitrone, 125 g gemahlene Mandeln, 4–5 säuerliche Äpfel, 4 Eiweiß, 1 Prise Salz, 100 g brauner Rohrzucker

Den gemahlenen Mohn zusammen mit der Vanille und dem Zimt in der Milch zum Kochen bringen. Die Masse zugedeckt quellen lassen und abkühlen. Die Zitronenschale und die gemahlenen Mandeln unterziehen. Die Äpfel waschen, halbieren, das Kerngehäuse entfernen und in Spalten schneiden. Eine feuerfeste Auflaufform ausfetten und die Apfelspalten hineinlegen. Das Eiweiß mit einer Prise Salz zu steifem Schnee schlagen. Dabei nach und nach den Zucker einrieseln lassen. Vorsichtig unter die Mohnmasse heben. Alles auf den Äpfeln verteilen. Die Form auf den unteren Rost im Backofen stellen. Auf 200 °C einschalten und ca. 25 Minuten backen, bis die Mohnmasse gebräunt ist.

Hinweis: Eine kleine Prise Salz verfeinert die Speisen. Auch Hildegard empfiehlt den maßvollen Gebrauch dieses kostbaren Gewürzes. Salz wurde zu ihrer Zeit mit Gold und Edelsteinen aufgewogen. Der sparsame Umgang mit Salz wird von der modernen Ernährungslehre unserer Zeit ebenso empfohlen.

Hildegard-Empfehlung

»Wer aber eine zu stark gesalzene Speise ißt, den macht es innerlich dürr und schadet ihm, und es fällt das Salz wie Sand auf die Lunge und trocknet die Lunge aus, weil die Lunge Feuchtigkeit erfordert, und es schadet der Lunge und macht sie dämpfig. Und wenn es dann auf die Leber fällt, schadet es auch dieser etwas, obwohl die Leber stark ist, und obwohl sie das Salz verkraftet. Daß aber der Mensch starken Durst leidet, wenn er viel Salz ißt, das kommt davon, daß das Salz seine Lunge trocknet und die guten Säfte in ihm dörrt ... Daher muß jede Speise so gesalzen werden, daß die Speise mehr Geschmack hat, als das Salz in ihr gespürt wird. Aber das über dem Feuer gebratene Salz (Siedesalz) ist heilsamer als das rohe Salz (Meersalz) ... und es ist nützlich zum Gebrauch des Menschen und für alle Heilmittel, so daß, wenn diesen etwas davon beigefügt wird, sie um so besser sind ... und wenn ein Mensch etwas vom Salz mit irgendeiner Speise oder mit Brot ißt, dann stärkt und heilt es ihn...«

Literaturhinweise

◎ *Causae et Curae* (lat.). Neuauflage der Basler Hildegard-Gesellschaft.

◎ *Ursachen und Behandlung der Krankheiten.* Übersetzt von Prof. Dr. Hugo Schulz, Basler Hildegard-Gesellschaft, Karl F. Haug Verlag, Ulm/Donau. 1990 (6. Auflage)

◎ *Physica* (lat.). Patrologia Latina, Basler Hildegard-Gesellschaft

◎ *Heilkraft der Natur »Physica«.* Übersetzt von Marie-Luise Portmann. Basler Hildegard-Gesellschaft, Patloch Verlag, Augsburg. 1991 (1. Auflage)

◎ Hildegard von Bingen, *Heilkraft der Natur »Physica«*, Herder Verlag, Freiburg im Breisgau 1993

◎ Hildegard von Bingen, *Heilwissen*, Herder Verlag, Freiburg im Breisgau. 1994 (3. Auflage)

◎ Strehlow, Dr. rer. nat. Wighard, *Die Ernährungstherapie der heiligen Hildegard*, Verlag Hermann Bauer, Freiburg im Breisgau. 1991 (2. Auflage)

◎ Hertzka, Dr. med. Gottfried / Strehlow, Dr. rer. nat. Wighard, *Küchengeheimnisse der Hildegard-Medizin*, Verlag Hermann Bauer, Freiburg im Breisgau. 1991 (6. Auflage)

Bezugsquellen, Adressen

Die meisten in diesem Buch verwendeten Zutaten sind in gut sortierten Reformhäusern, Bioläden und Biomärkten oder auch Mühlen erhältlich. Zusätzlich können Sie direkt bei den biologischen Erzeugern frische Waren beziehen. Falls Sie dennoch nicht fündig werden sollten, sind nachstehend einige weitere Bezugsquellen und Adressen angegeben.

Deutschland

Stadtmühle Geisingen, Egon Binz, 78187 Geisingen,
Telefon 07704-247 (Bestelliste kann angefordert werden)

Jura-Naturheilmittel KG, Wolfgang Gollwitzer, Nestgasse 2–6, 78464 Konstanz
Telefon 07531-31487 (Bestelliste kann angefordert werden)

Gärtnerei Bornträger und Schlemmer (Kräuter und Gewürze), 67591 Offstein,
Telefon 06243-7079

Apostel-Bräu, (Dinkelbier), Eben 11–15, 94051 Hauzenberg,
Telefon 08586-2200

Max-Emanuel-Apotheke, Belgradstr. 21, 80796 München,
Telefon 089-3087895

Bastei Apotheke, Karl-Theodor-Str. 38, 80803 München,
Telefon 089-394880

Schweiz

Hildegard-Vertriebs AG, Aeschenvorstadt 24, CH-4010 Basel,
Telefon 0041-61-2722479

Österreich

Helmut Posch, Weinbergweg, A-4880 St. Georgen im Attergau,
Telefon 0043-7667-361

Bildnachweis

Archiv für Kunst und Geschichte 8
BILDER PUR / Reinhard 14 unten; Tschanz-Hofmann 28, 103
StockFood Eising 23 Mitte links, 24 unten rechts
IFA-Bilderteam / Elfner 4 oben, 26; Heron 6
Reinhard-Tierfoto 4 unten, 5 beide, 14 oben, 22 Mitte links, 23 oben + Mitte rechts, 25 Mitte links + unten rechts, 50, 76, 100
Seidl 24 oben rechts
Mosaik Verlag / Brauner 22 links unten, 23 links unten, 30, 33, 46, 54, 60, 63, 64, 80, 84, 86, 88, 91, 93, 95, 113, 115, 122 beide, 123 unten, 124 beide; / Eising 44, 116; / Goldmann 17, 58; / Kerth 31, 66, 71, 74, 89, 92, 97, 121; / Pudenz 34, 41, 49, 81, 82; / Spitta 11; / Teubner 14 Mitte, 15 beide, 16 beide, 22 oben links + rechts, Mitte rechts + unten rechts, 23 oben links + Mitte links, 24 oben links, Mitte rechts + unten links, 25 oben links + rechts, Mitte rechts + unten links, 38, 42, 55, 73, 94, 104, 105, 108

Der Mosaik Verlag ist ein Unternehmen der Verlagsgruppe Bertelsmann

Redaktionsleitung: Halina Heitz
Redaktion: Herbert Scheubner, Gräfelfing
Bildredaktion: Helga August
Umschlaggestaltung: Eva Wenger, München
Buchgestaltung/DTP: Peter Pleischl, München
Reproduktionen: Artilitho, Trento
Satz: DTP Pleischl/Filmsatz Schröter, München
Druck und Bindung: Alcione, Trento
Printed in Italy
ISBN 3-576-10770-3